Dossiers of Ancient Egyptian Women
The Middle Kingdom and Second Intermediate Period

Danijela Stefanović

Middle Kingdom Studies 5

This title is published by
Golden House Publications

cover image © University College London 16660; Statue of three women holding hands; late 13th - 17th Dynasties.

A catalogue record for this book is available from the British Library

ISBN 978-1-906137-51-9

Printed and bound by CPI Group (UK) Ltd, Croydon, CR0 4YY

Middle Kingdom Studies

Series

Editor-in-Chief

Gianluca Miniaci

MKS

Table of Contents

Introduction

The history and archaeology of non-royal women of Ancient Egypt,[1] and more specifically of the Middle Kingdom and the Second Intermediate Period,[2] have been the topic of numerous studies. However, the comprehensive prosopographic tool designed for presenting dossiers for recorded individuals in which women's monuments and their attestations are grouped together, is still missing.

This work is complementary to D. Franke's *Personendaten aus dem Mittleren Reich* (Wiesbaden 1984),[3] establishing sets of data for women known from more than one source, in respect to the type and arrangement of data, chronological time-span (12th to 17th Dynasty), and graphical pattern. The 430 entries are alphabetically arranged, with a basic selection of information on objects linked to particular individuals.

The process of identification of an individual usually starts with name, title, and if applicable, kin terms. However, as stated several times by various authors,[4] a match of name and titles does not automatically mean that we are dealing with the same person. What has been stated above is even more obvious with female dossiers, especially having in mind the limited corpus of feminine titles. Among the more than one hundred attestations of *nbt pr z3t-ḥrḥr* it is probable that some of them are referring to single individuals, but without any kin link the affiliation to the dossier cannot be established. On the other hand, even with the kin link, it is not always possible to connect the sources to the 'X individual'. For example, 'sixty-eight ladies' termed as *snb mst.n rn.s-snb* were active during the 13th Dynasty. Are all of them independent from each other? Or would it perhaps be possible to assign at least some of the records to one individual? It is not possible to decide even with a minimum of certainty.

In most cases women's dossiers are detected due to their family connections (i.e. they were termed as mothers, wives, daughters, sisters), and genealogical data. The data referring to the dossiers of their male family members are provided in the bibliography. In some cases the proposed identification was based solely on the names of the person and her mother (and they should be treated with reservation), or on the fact that women with the same name were attested on

---

[1] For the most recent overview, see Szpakowska, in: *Women in the Ancient World,* 25-37.

[2] Ward, *Feminine Titles*; Stefanović, *Feminine titles*; Ward, in: *Women's Earliest Records,* 33-46; Quirke, in: *Archaeology and Women*, 246-262; Millard, *Position of Women in the Family and in Society*; Lustig, in: *Anthropology and Egyptology*, 43-65; Grajetzki, *Female Burials*; Hudáková, *Representations of Women.*

[3] See also Grajetzki - Stefanovic, *Dossiers.*

[4] Franke, *Doss.*, 5; Grajetzki - Stefanović, *Dossiers*, vii; Ilin-Tomich, *BiOr* 71/1-2, 2014, 139.

the objects already assigned to the dossier by Franke,[5] Grajetzki-Stefanović,[6] Franke-Marée[7] or Ilin-Tomich.[8]

The dossiers presented here are far from being complete, especially in respect to their number. Many Middle Kingdom women attested in diverse documents are still to be identified and the author hopes that within the next few years the second volume of the 'female dossiers' can be published.

I am grateful to Dr. Emily Teeter (Oriental Institute of the University of Chicago), Dr. Guillemette Andreu (Musée du Louvre), Dr. Sara Caramello (formerly Fondazione Museo delle Antichità Egizie di Torino), Dr. Arnulf Schlüter (Staatliches Museum Ägyptischer Kunst, München), Dr. Helmut Satzinger (Institut für Ägyptologie, Universität Wien), Dr. Dietrich Raue (Ägyptologisches / Altorientalisches Institut, Universität Leipzig), and Dr. Ivan Bogdanov (Institute of Oriental Manuscripts RAS, Moscow) for their assistance in providing relevant data.

---

[5] Franke, *Doss.*

[6] Grajetzki - Stefanović, *Dossiers.*

[7] Franke – Marée, *British Museum Stelae.*

[8] Ilin-Tomich, *BiOr* 71/1-2, 2014, 139-145.

Dossiers

Dossier no 1	*ꜣbt*
Mother: *zpw///*	Father:
Titles:	Husband: *šmsw snꜥ-jb*

a. graffito. Petrie, *Season*, no 74
b. graffito. Petrie, *Season*, no 106

Literature: see Stefanović, *Military Titles*, no 700.

Dating: 13th Dynasty

Dossier no 2	*ꜣbt-jb*
Mother:	Father:
Titles: *nbt-pr*	Husband: *wr mḏw šmꜥ rdj.n.f-n.j*

a. stela. Parma E 177. Simpson, *ANOC* 67, pl. 83.
b. stela. Parma E 178. Simpson, *ANOC* 67, pl. 83.

Literature: see Franke, *Doss.*, nos 53, 260.

Dating: late 13th Dynasty

Dossier no 3	*ȝst*
Mother:	Father:
Titles: *zȝt-ḥȝtj-ʿ*	Husband:
a. stela, Cairo JE 46785, Engelbach, *ASAE* 23, 1923, 183-186. b. stela, Cairo JE 48229, Marée, *BMSAES* 12, 2009, 60-62, fig. 17.	
Literature: Stefanović, *Regular Military Titles*, no 428 (a); Marée, *BMSAES* 12, 2009, 60-62; Grajetzki-Stefanović, *Dossiers*, no 124.	
Dating: late 13th / 17th Dynasty	

Dossier no 4	*ȝst*
Mother:	Father:
Titles:	Husband:
a. inscription. Gardiner, *IS* no 23. b. inscription. Gardiner, *IS* no 24.	
Literature: see Franke, *Doss.*,no 162	
Dating: 13th Dynasty	

Dossier no 5	*ꜣst*
Mother: *mm///* (b)	Father:
Titles:	Husband: *snfrw*

a. stela. Berlin 1204. Simpson, *ANOC* 1, pl. 1
b. stela. London, BM EA 202. *HTBM* III, pl. 11

Literature: see Franke, *Doss.*, no 254.

Dating: 12th Dynasty / Senusert III – Amenemhat III

Dossier no 6	*jjj*
Mother:	Father:
Titles:	Husband: *ẖtjj* (a)

a. stela. Vienna KHM ÄS 136. Hein – Satzinger, *Stelen des Mitleren Reiches* I, 28-32.
b. statuette. Vercoutter, *Mirgissa* II, 136, fig. 49/8.

Literature: Grajetzki-Stefanović, *Dossiers*, no 196.

Dating: 12th /13th Dynasty

Dossier no 7	*jjj*
Mother:	Father:
Titles:	Husband: *rḫ-nswt jn-jt.f*
a. stela. London BM EA 830. *HTBM* IV, pl. 36 (Simpson, *ANOC* 3). b. offering table. Cairo CG 23035. Kamal, *Tables d'offrandes*, 28-29 (Simpson, *ANOC* 3).	
Literature: see Franke, *Doss.,* nos 139 and 763.	
Dating: 12th Dynasty	

Dossier no 8	*jjj*
Mother:	Father:
Titles:	Husband:
a. stela. Dublin, UCD 1365. Quirke, *RdÉ* 51, 2000, 233-239. b. stela. Paris, Louvre C45. Hamza, *MDAIK* 63, 2007, 60-67.	
Literature: Ilin-Tomich, *BiOr* 71/1-2, 2014, 143.	
Dating: 13th Dynasty	

Dossier no 9	*jjj*
Mother: *jtw* (b)	Father:
Titles: *nbt-pr*	Husband: *rpꜥ ḥ3tj-ꜥ mr ḥmw nṯr z-n-sbk*

a. stela. London, BM EA 577. *HTBM* IV, pl. 35.
b. stela. London, BM EA 580. *HTBM* II, pl. 37.

Literature: Franke, *Doss.*, no 510.

Dating: early 12th Dynasty

Dossier no 10	*jj-jb*
Mother: *z3t-ḥj*	Father:
Titles:	Husband: *šmsw rmn tp jj-jb*

a. inscription. Hintze-Reineke, *FSN* I, 456.
b. inscription. Dunham-Janssen, *SCF* I, RIK 51.

Literature: see Stefanović, *Regular Military Titles*, no 486; Franke, *Doss.,* no 19.

Dating: 13th Dynasty

Dossier no 11	*jj-m-ḥb*
Mother: *nfrt*	Father:
Titles: *nbt-pr*	Husband:

a. stela. Marseille 223, Maspero, *RT* 13, 1890, 114 (23).
b. stela. Vienna KHM ÄS 182. Hein – Satzinger, *Stelen des Mittleren Reiches* I, 137-143.

[uncertain]

Literature:

Dating: 13th Dynasty / Neferhotep I

Dossier no 12	*jwsj*
Mother:	Father: *prjjt*
Titles: *nbt-pr* (b)	Husband: *jpw-ˁnḫ*

a. stela. Cairo, CG 20177. Lange-Schäfer, *CCG* I, 207-208.
b. stela. Cairo, CG 20629. Lange-Schäfer, *CCG* II, 266-267.

Literature: Ilin-Tomich, *BiOr* 71/1-2, 2014, 142, 145.

Dating: late 12th Dynasty

Dossier no 13	*jjt-n-ḥb*
Mother: *nfrt*	Father:
Titles: *nbt-pr*	Husband:

a. stela. Marseille 223. Maspero, *RT* 13, 1890, 114.
b. stela. Vienna, KHM ÄS 182. Hein - Satzinger, *Stelen des Mittleren Reiches* I, 137-142.

Literature:

Dating: early 13th Dynasty / Neferhotep I

Dossier no 14	*jjt-n-ḥ3b*
Mother:	Father:
Titles:	Husband:

a. stela. Cairo, CG 20117. Lange-Schäfer, *CCG* I, 138-140.
b. stela. Cairo, CG 20716. Lange-Schäfer, *CCG* II, 342-344.

Literature: see Franke, *Doss.*, no 371.

Dating: mid 13th Dynasty

Dossier no 15	*jjt*
Mother:	Father:
Titles:	Husband:

a. base of seated statuette. London UC 14727. Page, *Egyptian Sculpture*, no 147.
b. seal, Martin, *MDAIK* 35, 1979, 221 (42).

Literature: Grajetzki-Stefanović, *Dossiers*, no 98.

Dating: 13th Dynasty

Dossier no 16	*jw-n.s-jt.s*
Mother: *nbt-pr nbw-m-zꜣw*	Father: *smsw hꜣjjt ḥr-ꜥꜣ*
Titles:	Husband:

a. stela, Warsaw 141262. Marée, *BMSAES* 12, 2009, 43-50, 79, fig. 7.
b. statue naos, Louvre E 20909. Alliot, *Tell Edfou 1933*, 36-37, nos 1-3 (Marée, *BMSAES* 12, 2009, 80-81, fig. 8).

Literature: see Franke, *Doss.*, no 428; Marée, *BMSAES* 12, 2009, 44-45.

Dating: 13th Dynasty / Sebekhotep IV

Dossier no 17	*jw.f*
Mother:	Father:
Titles: *nbt-pr*	Husband: *ẖrj-ḥbt jw.f*

a. stela, Cairo JE 43362. Daressy, *ASAE* 17, 1917, 242
b. stela. Daressy, *ASAE* 18, 1918, 49.
c. stela. Daressy, *ASAE* 22, 1922, 118.

Literature: see Franke, *Doss.*, nos 40-41.

Dating: late 13th Dynasty

Dossier no 18	*jw.s-n.j*
Mother:	Father: *ꜣṯw ꜥꜣ n njwt zꜣ-rnnwtt*
Titles:	Husband:

a. stela. Turin 1629. Satzinger, *OrAnt* XXII, 1983, 233-245
b. stela. Vienna, KHM ÄS 204. Hein – Satzinger, *Stelen des Mittleren Reiches* I, 162-166.

Literature: Satzinger, *OrAnt* XXII, 1983, 235-6; see Stefanović, *Military Titles*, nos 55 and 299.

Dating: 13th Dynasty

Dossier no 19	*jw.s-n.j*
Mother: *ttj-mꜣꜥt* (b)	Father:
Titles: *nbt-pr*	Husband:

a. stela. Cairo CG 20749. Lange-Schäfer, *CCG* II, 383-384.
b. naos. Vienna KHM ÄS 186. Hein – Satzinger, *Stelen des Mitleren Reiches,* I, 114-127

Literature:

Dating: mid 13th Dynasty

Dossier no 20	*jw.s-n.j*
Mother: *nbt-pr snb.tj.sj*	Father: *zẖꜣw n ẖrtjw-nṯr zꜣ-pwnt*
Titles: *nbt-pr*	Husband:

a. stela. Cairo CG 20749. Lange-Schäfer, *CCG* II, 383-384.
b. naos. Vienna KHM ÄS 186. Hein – Satzinger, *Stelen des Mitleren Reiches,* I, 114-127

Literature:

Dating: mid 13th Dynasty

Dossier no 21	*jw.s-n.(j)*
Mother:	Father:
Titles:	Husband:

a. stela, Cairo, CG 20023, Lange-Schäfer, *CCG* I, 25-26.
b. seals, Martin, *Seals*, nos. 345-347.

Literature: see Grajetzki, *Beamte*, 91 (III.20); Grajetzki-Stefanović, *Dossiers*, no 5.

Dating: 13th Dynasty (Neferhotep I)

Dossier no 22	*jwj-rs*
Mother:	Father:
Titles: *ẖkrt-nswt*	Husband: *mr mšꜥ kꜣ-dj-mrr* (a)

a. fragments of the stela. Cornell 967.3.75. Peet, *The Cemeteries of Abydos*, II, 1911-1912, 1914, p. 115-116 (13), p. 115, fig. 73, pl. XXIV (4) (= Marée, in: *Second Intermediate Period*, pl. 79)
b. stela. Cairo JE 37515. El-Enany, *BIFAO* 108, 2008, 95-113.

Literature: Marée, in: *Second Intermediate Period*, 275.

Dating: 13th Dynasty / Neferhotep I - Sebekhotep IV

Dossier no 23 *jwbw*

Mother: Father:

Titles: Husband: *ẖrj-ḥbt, mr šnt nb-jtj*

a. stela. Warsaw 141281. Marée, *BMSAES* 12, 2009, 57-66, fig. 15
b. stela. seen by J.J. Clère with the dealer Mohareb Todrous in Luxor, 1935. Marée, *BMSAES* 12, 2009, 89, fig. 16.

Literature:

Dating: late 17th Dynasty

Dossier no 24 *jwtt*

Mother: *tjt* Father:

Titles: Husband: *zẖꜣw ḳdwt zꜣ-wꜣḏjt*

a. stela. Cairo CG 20184. Lange-Schäfer, *CCG* I, 213-214.
b. stela. Cairo CG 20290. Lange-Schäfer, *CCG* I, 304.

Literature: see Franke, *Doss.*, no 36.

Dating: late 12th / early 13th Dynasty

Dossier no 25	*jwdw*
Mother:	Father:
Titles: *nbt-pr*	Husband:

a. stela. Tübingen 461. Brunner-Traut - Brunner, *Sammlung der Universität Tübingen*, 91-92, Tf. 59.
b. stela. Tübingen 465. Brunner-Traut - Brunner, *Sammlung der Universität Tübingen*, 90-91, Tf. 58.
c. stela Helsinki NM 9176. Holthoer, *Studia Orientalia* 37/1, 1967, 3-14.

Literature: see Franke, *Doss.* no 413

Dating: 13th Dynasty

Dossier no 26	*jb*
Mother:	Father:
Titles: *nbt-pr*	Husband:

a. stela. Copenhagen Aad 10. Mogensen, *Musée national de Copenhague*, 12-13, pl. XII
b. stela. Tübingen 462. Brunner-Traut – Brunner, *Sammlung der Universität Tübinen*, 84-85, Taf. 54 (Simpson, *ANOC* 60)

[uncertain]

Literature:

Dating: late 13th Dynasty

Dossier no 27	*jb*
Mother:	Father:
Titles:	Husband:

a. stela. London, BM EA 129. *HTBM* II, pl. 42.
b. stela. London, BM EA 131. *HTBM* I, pl. 56.

Literature: Grajetzki-Stefanović, *Dossiers*, no 224.

Dating: 12th Dynasty

Dossier no 28	*jb*
Mother: *ẖnmw-ḥtp*	Father:
Titles:	Husband:

a. stela. London BM EA 129. *HTBM* II, pl. 41-43.
b. stela. London BM EA 131. *HTBM* I, pl. 56.

Literature:

Dating: 12th Dynasty

Dossier no 29	*jbj*
Mother: *nbt-pr kjj*	Father: *rn.s-snb* (a)
Titles:	Husband:

a. stela. Marseille 223. Maspero, *RT* 13, 1890, 114.
b. stela. Vienna, KHM ÄS 182. Hein - Satzinger, *Stelen des Mittleren Reiches* I, 137-142.
c. stela. London BM EA 238. Franke – Marée, *Stelae*, 93-98.

Literature: see Franke, *Doss.*, 322 (a-b).

Dating: early 13th Dynasty / Neferhotep I

Dossier no 30	*jbw//*
Mother:	Father:
Titles:	Husband: *ꜥnḫ n njwt rn-snb*

a. stela. Cairo CG 20416. Lange-Schäfer, *CCG* II, 14.
b. stela. Cairo CG 20377. Lange-Schäfer, *CCG* II, 377-378.

Literature: see Franke, *Doss.*, no 377; Stefanović, *Military Titles*, no 127.

Dating: late 13th / 17th Dynasty

Dossier no 31	*jp*
Mother:	Father:
Titles:	Husband:

a. Sotheby's Antiquities. 11 July 1988. no 50.
b. Chicago, Art Institute 1920.262. Teeter, *Art Institute of Chicago Museum Studies* 20, 1994, 19, fig. 3.

Literature: Ilin-Tomich, *BiOr* 71/1-2, 2014, 142.

Dating: Early 12th Dynasty

Dossier no 32	*jpw*
Mother: *nbt-pr snt.f* (a)	Father:
Titles: *nbt-pr*	Husband: *mr mšꜥ kꜣ-dj-mrr* (a)

a. stela. Bologna KS 1910. Bresciani, *La Stele Egiziane*, 34-35 (Simpson, *ANOC* 66)
b. stela. Bologna KS 1933. Bresciani, *La Stele Egiziane*, 32-33 (Simpson, *ANOC* 66).

Literature: see *Franke, Doss.*, no 554; Stefanović, *Regular Military Titles*, nos 882 and 1063.

Dating: 13th Dynasty / Neferhotep I - Sebekhotep IV

Dossier no 33	*jmjj*
Mother: *ḳ3wtj* ?	Father:
Titles:	Husband:

a. stela. Paris, Louvre E.20350 (= Guimet C 6). Moret, *Musée Guiemt*, 12-13 [C6] , pl. V.
b. stela. Durham N.1936. Birch, *Catalogue*, 270-272, pl. V.

Literature:

Dating: late 12th Dynasty / Senusert III

Dossier no 34	*jnj*
Mother: *tt* (b)	Father:
Titles:	Husband:

a. statue. Collection Favre. Wild, *BIFAO*, 69, 1970, 114-115.
b. stela. Meylan. Tresson, *Kemi* 1, 1928, 69-74, pl. VII (Simpson, *ANOC* 68)

Literature: see Franke, *Doss*, no 368.

Dating: 13th Dynasty

Dossier no 35	*jnj / sḏmjjt*
Mother: *sbk-m-s3.s* (b)	Father:
Titles:	Husband: *ṯ3w-šrj*

a. stela, Cairo CG 20531. Lange-Schäfer, *CCG* II, 134-135 (Simpson, *ANOC* 23).
b. stela, Leiden AP.64. Boeser, *Leiden* II, 3-4 [6], Tav. V (Simpson, *ANOC* 23).

Literature: see Franke, *Doss.*, nos 141 and 457.

Dating: 12th Dynasty / Amenemhat II

Dossier no 36	*jnjt-jt.s*
Mother:	Father:
Titles: *nbt-pr*	Husband:

a. statue. Paris, Louvre E.14330. Delange, *Catalogue des statues égyptiennes du Moyen Empire*, 72–75.
b. offering table. Paris, Louvre E.14410. Alliot, *Tel Edfou 1933*, 29 [C], pl. XII/1.

Literature: see Franke, *Doss.*, no 290 (a-b)

Dating: mid 13th Dynasty

Dossier no 37	*jn-jt.f*
Mother:	Father:
Titles: *nbt-pr*	Husband: *ʿnḫ.f-jrj* (b)

a. stela. Cairo, CG 20231. Lange-Schäfer, *CCG* I, 251-252.
b. stela. Florence 2506. Bosticco, *Stele*, no 32

Literature: see Franke, *Doss.*, no 632

Dating: 12th Dynasty / Amenemhat III

Dossier no 38	*jn.ṯn-sj*
Mother: *jrj*	Father:
Titles: *nbt-pr*	Husband:

a. stela. Vienna, KHM ÄS 105. Hein – Satzinger, *Stelen des Mitleren Reiches,* I 18-22.
b. stela. Vienna, KHM ÄS 136. Hein –Satzinger, *Stelen des Mitleren Reiches* I, 48-54.

Literature: see Franke, *Doss.,* nos 619 and 621.

Dating: 13th Dynasty

Dossier no 39	*jn.ṯn-sj*
Mother:	Father:
Titles:	Husband: *jmj ḫt nfw* (a) *ʿnḫ n njwt* (b) *wdpw nfw* (c) *kmz*

a. stela. Vienna, KHM ÄS 105. Hein – Satzinger, *Stelen des Mitleren Reiches,* I 18-22.
b. stela. Vienna, KHM ÄS 156. Hein –Satzinger, *Stelen des Mitleren Reiches* I, 84-91.
c. stela. Vienna, KHM ÄS 136. Hein –Satzinger, *Stelen des Mitleren Reiches* I, 48-54.

Literature: Franke, *Doss.,* no 722 (a-b); Hein –Satzinger, *Stelen des Mitleren Reiches* I, 18-19; Grajetzki-Stefanović, *Dossiers*, no 223.

Dating: 13th Dynasty

Dossier no 40	*jnj*
Mother:	Father:
Titles: *nbt-pr*	Husband: *jḳr* (b-c)

a. stela. London, BM EA 254. *HTBM* III, pl. 26 (Franke – Marée, *British Museum Stelae*, 138-140).
b. stela. Paris, Louvre C 43. Hamza, *MDAIK* 63, 2007, 53-60, Taf.9.
c. stela. Rio de Janeiro, Museu Nacional 646 [2436]. Kitchen, *Catalogue*, no 18.

Literature: Franke, *Doss.*, no 231 (a-b); Grajetzki, *Two Treasurers*, 33; Grajetzki-Stefanović, *Dossiers*, no 79; Franke – Marée, *British Museum Stelae*, 139-140

Dating: 13th Dynasty

Dossier no 41	*jrj///*
Mother: *z3t-sbk*	Father:
Titles: *ẖkrt-nswt*	Husband: *3ṯw n ṯt ḥḳ3 kms*

a. stela. Berlin 7287. *AIB* I, 203 (Simpson, *ANOC* 65.4)
b. stela. Wien, KHM ÄS 196. Hein – Satzinger, *Stelen des Mittleren Reiches* I, 133-138.

Literature: Franke, *Doss.*, nos 229 and 718; Stefanović, *Military Titles*, no 471; Stefanović, *Feminine Titles*, XI/19.

Dating: 13th Dynasty

Dossier no 42	*jrmhj*
Mother:	Father:
Titles: *nbt-pr*	Husband:

a. stela. Durham EG513 (= N.1941). Birch, *Catalogue*, pl. VII
b. stela. Moscow I.1.a. 5350. Hodjash – Berlev, *Pushkin Museum*, no 36.
c. stela. Leidein V.L.D.J.2. Boeser, *Leidein* II, 9[34], Taf. XXIV

Literature: see Franke, *Doss.*, no 85.

Dating: 13th Dynasty / Neferhotep I – Sebekhotep IV

Dossier no 43	empty

Dossier no 44	*js-n-pr.s*
Mother: *mkt* (b)	Father:
Titles:	Husband: *z3-mrj.s*

a. stela. London, BM EA561. *HTBM* II, pl. 25 (Simpson, *ANOC* 41).
b. stela. Leiden, Rijksmuseum van Oudheden 65. Boeser, *Leiden* II, Tf. IX (Simpson, *ANOC* 41).
c. offering table. Cairo CG 23006. Kamal, *Tables d'offrandes*, 32-33 (Simpson, *ANOC* 41).

[*js-n-pr.s* was the mother of the vizier *z3-3st*]

Literature: Franke, *Doss.*, no 511; Grajetzki, *Beamte*, 50-51 (II.9); Grajetzki-Stefanović, *Dossiers*, no 162.

Dating: 12th Dynasty / about Amenemhat II

Dossier no 45	*js-nbw(-mnw-wn)*
Mother: *jpj* (b)	Father:
Titles: *nbt-pr*	Husband: *nbw-k3w-rʿ* (b)
a. stela. Cairo, CG 20075. Lange-Schäfer, *CCG* I, 89-92. b. stela. Cairo, CG 20072. Lange-Schäfer, *CCG* I, 87.	
Literature: see Franke, *Doss.*, no 21	
Dating: mid 13th Dynasty	

Dossier no 46	*jkj*
Mother:	Father:
Titles:	Husband:
a. inscription. Gardiner, *IS* no 105. b. inscription. Gardiner, *IS* no 100.	
Literature: see Franke, *Doss.*, no 44.	
Dating: 12th Dynasty / Amenemhat III	

Dossier no 47	*jkjj*
Mother:	Father:
Titles:	Husband:

a. stela. Cairo, CG 20177. Lange-Schäfer, *CCG* I, 207-208.
b. stela. Cairo, CG 20629. Lange-Schäfer, *CCG* II, 266-267.

Literature: Ilin-Tomich, *BiOr* 71/1-2, 2014, 142.

Dating: late 12th Dynasty

Dossier no 48	*jkjj*
Mother: *nbt-pr* (b) *jwsj*	Father: *jpw-ˁnḫ*
Titles:	Husband:

a. stela. Cairo, CG 20177. Lange-Schäfer, *CCG* I, 207-208.
b. stela. Cairo, CG 20629. Lange-Schäfer, *CCG* II, 266-267.

Literature: Ilin-Tomich, *BiOr* 71/1-2, 2014, 142.

Dating: late 12th Dynasty

Dossier no 49	*jkw*
Mother:	Father:
Titles:	Husband: *mr nbjjw nẖt*

a. stela. Cairo CG 20515. Lange-Schäfer, *CCG* II, (Simpson, *ANOC* 30).
b. stela. Cairo CG 20526. Lange-Schäfer, *CCG* II, (Simpson, *ANOC* 30).

Literature: see Franke, *Doss.,* nos 337 and 338.

Dating: 12th Dynasty / Senusert I

Dossier no 50	*jkw*
Mother:	Father:
Titles: *nbt-pr*	Husband: *wr mḏw šmʿ nb-swmnw* (a)

a. stela, Cairo, CG 20093. Lange-Schäfer, *CCG* I, 113-114.
b. stela, Cairo, CG 20328. Lange-Schäfer, *CCG* I, 340-341.

Literature: see Franke, *Doss*., no 622

Dating: 13th Dynasty / Sebekhotep II

Dossier no 51	*jt*
Mother:	Father:
Titles: *nbt-pr*	Husband:

a. stela. Copenhagen Aad 10. Mogensen, *Musée national de Copenhague*, 12-13, pl. XII
b. stela. New York, Brooklyn 08.480.176. James, *Inscriptions*, no 145, pl. XLI.

[uncertain]

Literature:

Dating: late 13th Dynasty

Dossier no 52	*jt*
Mother:	Father:
Titles:	Husband:

a. stela. Cairo CG 20235. Lange-Schäfer, *CCG* II, 255-256.
b. stela. London BM EA 101. *HTBM* II, pl. 1-2.

Literature: see Franke, *Doss.*, no 297.

Dating: 12th Dynasty / Senusert III – Amenemhet III

Dossier no 53	*jt*
Mother:	Father:
Titles:	Husband:

a. stela, Paris, Louvre C187. Gayet, *Stèles de la XIIe dynastie*, 8, pl. XXXIX.
b. statuette niche. Simpson, *Inscribed Materials*, 39, C7.

Literature: Grajetzki, *RdÉ* 60, 2009, 214-216; Grajetzki-Stefanović, *Dossiers*, no 174.

Dating: 13th Dynasty

Dossier no 54	*jt*
Mother:	Father:
Titles:	Husband:

a. stela. Manchester 3306. Baines, in: *Form und Mass*, 43-61(Simpson, *ANOC* 69)
b. stela. London BM EA 1213. *HTBM* III, pl. 12 (Simpson, *ANOC* 69
c. inscription. Hintze-Reinecke, *FSN* I, no 520.

[She is the mother of *ẖwj-sbk*]

Literature: see Franke, *Doss.*, no 455; Stefanović, *Military Titles*, no 292.

Dating: 12th Dynasty / Senusert III-Amenemhat III

Dossier no 55	*jt*
Mother:	Father:
Titles: *nbt-pr*	Husband:

a. stela. Cairo, CG 20054. Lange-Schäfer, *CCG* I, 63-65.
b. stela. Cairo, CG 20565. Lange-Schäfer, *CCG* II, 200-202.

[uncertain]

Literature:

Dating: late 13th Dynasty

Dossier no 56	*jtj*
Mother: *nbt-pr snbb* (b)	Father:
Titles: *nbt-pr*	Husband:

a. stela. Aswan 1307. Habachi, *Heqaib*, no 46.
b. stela. Habachi, *Heqaib*, no 47.

[uncertain]

Literature:

Dating: 13th Dynasty / Neferhotep I – Sebekhotep IV

Dossier no 57	*jtj*
Mother:	Father:
Titles: *nbt-pr*	Husband:

a. stela. Louvre E.20002 (= Guimet C 12). Moret, *Annales du Musée Guimet*, 25-29.
b. inscription. Petrie, *Season*, no 270.

Literature: Franke, *Doss*., no 300 (a-b); Grajetzki-Stefanović, *Dossiers*, no 102.

Dating: 13th Dynasty

Dossier no 58	*jtj*
Mother:	Father:
Titles:	Husband:

a. stela. Berlin 1191. *AIB* I, 184-185 (Simpson, *ANOC* 40)
b. stela. Leiden AP.66. Boeser, *Leiden* II, 10 [36]. Taf. XXVI (Simpson, *ANOC* 40).

[She is the mother of the well attested *mr pr wr ḫntj-ẖtj-wr*]

Literature: see Franke, *Doss*., no 468.

Dating: late 12th Dynasty

Dossier no 59	*jtj*
Mother: *jrj*	Father:
Titles: *nbt-pr*	Husband:

a. stela. Vienna, KHM ÄS 136. Hein –Satzinger, *Stelen des Mitleren Reiches* I, 48-54.
b. stela. Vienna, KHM ÄS 156. Hein –Satzinger, *Stelen des Mitleren Reiches* I, 84-91.

Literature:

Dating: 13th Dynasty

Dossier no 60	*jtj*
Mother:	Father:
Titles:	Husband:

a. stela. Cairo, CG 20571. Lange-Schäfer, *CCG* II, 209-211.
b. stela. Cairo, CG 20748. Lange-Schäfer, *CCG* II, 381-382.

Literature: see Franke, *Doss*, nos 353 and 721.

Dating: 13th Dynasty

Dossier no 61	*jtj*
Mother: *jpj* (b)	Father:
Titles: *nbt-pr*	Husband:

a. stela. Marseille 222. Maspero, *RT* 13, 1890, 113-114.
b. stela. Paris, Louvre C7. Gayet, *Stèles de la XIIe dynastie*, pl. VI.

Literature:

Dating: 12th Dynasty / Amenemhet IV

Dossier no 62	*jtj*
Mother: *ḥnt* (b)	Father:
Titles: *nbt-pr*	Husband:

a. stela. Marseille 222. Maspero, *RT* 13, 1890, 113-114.
b. stela. Paris, Louvre C7. Gayet, *Stèles de la XIIe dynastie*, pl. VI.

Literature:

Dating: 12th Dynasty / Amenemhet IV

Dossier no 63	*jtj*
Mother: *rn-sꜥnḫ* (a)	Father:
Titles: *nbt-pr*	Husband: *twbj*

a. stela. Cairo CG 20317. Lange-Schäfer, *CCG* I, 329-330.
b. stela. Paris, Louvre C42. Unpublished.

Literature: see Franke, *Doss.*, no 369.

Dating: 13th Dynasty

Dossier no 64	*jtj*
Mother: *jpj* (a)	Father:
Titles: *nbt-pr*	Husband: ?

a. stela. Paris, Louvre C7. Gayet, *Stèles de la XIIe dynastie*, pl. VI (Vallogia, *RdE* 21, 1969, pl. 12)
b. stela. Marseille 222. Maspero, *RT* 13, 1890, 113-114 (Capart, *Monuments Égyptiens*, pl. XXVII)

Literature:

Dating: late 12th Dynasty / Amenemhet III – Amenemhet IV

Dossier no 65	*jtj*
Mother:	Father:
Titles: *nbt-pr*	Husband:

a. stela. Cairo JE 39069. Baligh, *JARCE* 44, 2008, 174-181.
b. stela. Bolton 10.20/11. Simpson, *ANOC* 19.4. pl. 29.

Literature:

Dating: 13th Dynasty

Dossier no 66	*jtj*
Mother:	Father:
Titles: *nbt-pr*	Husband: *mr st n mr ẖtmt rnpjj.f / rnpt* ?

a. stela. London BM EA 240. Franke – Marée, *British Museum Stelae*, 103-106.
b. stela. London BM EA 252. Franke – Marée, *British Museum Stelae*, 134-137.
c. stela. Dublin UCD 1360. Quirke, *RdÉ* 51, 2000, 225-230 [1], pl. xxxi
d. stela. Pittsburgh 2983-6701. Patch, *Reflections of Greatness*, no 22.

Literature: Quirke, *RdÉ* 51, 2000, 225-230; Grajetzki, *Two Treasurers*, 43; Grajetzki, *Court Officials*, fig. 50; Grajetzki-Stefanović, *Dossiers*, no 128.

Dating: 13th Dynasty / Sebekhotep III – Neferhotep I

Dossier no 67	*jtj*
Mother:	Father:
Titles: *nbt-pr*	Husband: *ʿnḫ n njwt jjj* (a-b)

a. stela. Leiden AP. 38. Boeser, *Leiden* II, 6[13], Taf. XIV (Simpson, *ANOC* 36).
b. stela. Leiden AP.3. Boeser, *Leiden* II, 6[15], Taf. XV (Simpson, *ANOC* 36).
c. stela. Hermitage 1074. Bolshakov-Quirke, *Hermitage*, no 5.
d. stela. Bologna KS 1921. Bresciani, *Stele Egiziane*, no 10.

Literature: Franke, *Doss.*, no 233; Stefanović, *Military Titles*, no 3.

Dating: 13th Dynasty

Dossier no 68	*jtj*
Mother: *nbt-pr ḥpj*	Father:
Titles:	Husband:

a. stela. Leiden AP. 38. Boeser, *Leiden* II, 6[13], Taf. XIV (Simpson, *ANOC* 36).
b. stela. Leiden AP.3. Boeser, *Leiden* II, 6[15], Taf. XV (Simpson, *ANOC* 36).
c. stela. Ermitage 1074. Bolshakov-Quirke, *Hermitage*, no 5.

Literature: see Franke, *Doss.*, no 233.

Dating: 13th Dynasty

Dossier no 69	*jtj*
Mother:	Father: *mr w ꜥnk.f*
Titles:	Husband:

a. stela. Paris. Louvre E. 20002 (= Guimet C 12). Moret, *Annales du Musée Guimet*, 25-29.
b. graffito. Petrie, *Season*, no 270.
c. graffito. *DeM* 4/42.

Literature: see Franke, *Doss.*, no 120.

Dating: 13th Dynasty

Dossier no 70	empty
Mother*:*	Father:
Titles:	

Dossier no 71	*jtj*
Mother:	Father:
Titles: *nbt-pr*	Husband: *rn.f-ꜥnḫ-nḫn* (a-b)

a. stela. Paris, Louvre E. 20002 (= Guimet C 12). Moret, *Annales du Musée Guimet*, 25-29.
b. inscription. Petrie, *Season*, no 270
c. stela. Bonn. Wiedenann – Pörtner, *AG* III, no 4, pl. III.

Literature: see Franke, *Doss.*, no 559.

Dating: mid 13th Dynasty

Dossier no 72	*jtjj / zꜣt-jtjj*
Mother:	Father:
Titles:	Husband: *nmtw* (a)

a. stela. London, BM EA 839. *HTBM* II, pl. 7 (Simpson, *ANOC* 42).
b. stela. London, BM EA 574. *HTBM* II, pl. 8-9 (Simpson, *ANOC* 42).

Literature: see Franke, *Doss.*, no 597

Dating: 12th Dynasty / Senusert I – Amenemhet II

Dossier no 73	*jtj-ʿnḫ*
Mother: *z3t-sbk*	Father:
Titles: *ẖkrt-nswt, nbt-pr* (b)	Husband: *z3b tjtj*

a. stela. Peet, *Cem. Abydos* II, 114, fig. 71, pl. 21/10
b. stela. Peet, *Cem. Abydos* II, 114, fig. 70, pl. 14/4+5.
c. pBoulaq XVII. Scharff, *ZÄS* 57, 1922, pl. 27**, 2; 17**, 2.19; 44, 2

Literature: Franke, *Doss.*, no 730; Stefanović, *Feminine Titles*, XI/21.

Dating: 13th Dynasty

Dossier no 74	*jtw*
Mother:	Father:
Titles: *nbt-pr*	Husband: *jmnjj* (b)

a. stela. Cairo, CG 20054. Lange-Schäfer, *CCG* I, 63-64.
b. stela. Turin 1627. Rosati, in: *Civiltà degli Egizi*, 110, tav. 147.

Literature: see Franke, *Doss.*, no 648.

Dating: 13th Dynasty

Dossier no 75	*jtw-nfrw*
Mother:	Father:
Titles:	Husband:

a. inscription. Gardiner, *IS* no 93.
b. inscription. Gardiner, *IS* no 94.
c. inscription. Gardiner, *IS* no 96.
d. inscription. Gardiner, *IS* no 99.

[She is the mother of the well attested *rḫ-nswt ḫtmw-nṯr jmnjj*]

Literature: see Franke, *Doss.,* no 127.

Dating: 12th Dynasty / Amenemhet III

Dossier no 76	*jt.f-ʿnḫ*
Mother:	Father:
Titles: *nbt-pr*	Husband:

a. stela. Cairo, CG 20627. Lange-Schäfer, *CCG* II, 265-266.
b. stela. Trieste 12002. Dolzani, *Civico Museo di storia ed arte di Trieste*, no 5.

[The stelae belong to the dossier of *šmsw pr-ʿ3 nb-ʿnḫ*]

Literature:

Dating: 13th Dynasty

Dossier no 77	*jtt*
Mother:	Father:
Titles:	Husband:

a. stela. Berlin 1191. *AIB* I, 184-185 (Simpson, *ANOC* 40)
b. stela. Leiden AP.66. Boeser, *Leiden* II, 10 [36], Taf. XXVI.

Literature: Franke, *Doss.* no 281.

Dating: late 12th Dynasty

Dossier no 78	*jdj*
Mother:	Father:
Titles: *nbt-pr*	Husband: *z3-ḥtḥr* ?

a. stela. Cairo, CG 20627. Lange-Schäfer, *CCG* II, 265-266.
b. stela. Trieste 12002. Dolzani, *Civico Museo di storia ed arte di Trieste*, no 5.

Literature: see Franke, *Doss.*, no 534.

Dating: 13th Dynasty

Dossier no 79	*jdjj*
Mother:	Father:
Titles: *nbt-pr*	Husband:
a. stela, Cairo CG 20406. Lange-Schäfer, *CCG* II, 7-8. b. stela, Cairo CG 20538. Lange-Schäfer, *CCG* II, 223.	
Literature: see *Franke, Doss.*, no 221; Stefanović, *Regular Military Titles*, no 855.	
Dating: 13th Dynasty / Sebekhotep II	

Dossier no 80	*ʿ.s-n-kꜣ*
Mother:	Father:
Titles:	Husband:
a. stela. Cairo CG 20539. Lange-Schäfer, *CCG* II, 150-158. b. lower part of false door. *PM* VIII/3 803-034-810. [The mother of the treasurer Mentuhotep; Grajetzki, *Beamten*, II/6]	
Literature: see Franke, *Doss.*, no 262.	
Dating: 12th Dynasty / Senusert I	

Dossier no 81	*ꜥꜣ-ḥtḥr*
Mother:	Father:
Titles: *nbt-pr*	Husband:

a. stela. Cairo CG 20656. Lange-Schäfer, *CCG* II, 289.
b. scarab-seals. Wegner, in: *Scarabs of the Second Millennium*, 222-225.

[uncertain]

Literature:

Dating: late 13th / 17th Dynasty

Dossier no 82	*ꜥmmj*
Mother: *jrj*	Father: *sꜣḥ* (c)
Titles: *nbt-pr*	Husband:

a. stela. Vienna, KHM ÄS 105. Hein – Satzinger, *Stelen des Mitleren Reiches,* I 18-22.
b. stela. Vienna, KHM ÄS 136. Hein –Satzinger, *Stelen des Mitleren Reiches* I, 48-54.
c. stela. Vienna, KHM ÄS 156. Hein –Satzinger, *Stelen des Mitleren Reiches* I, 84-91.

Literature: see Franke, *Doss.*, no 56.

Dating: 13th Dynasty

Dossier no 83	*ꜥnkt-gꜣwt*
Mother:	Father:
Titles:	Husband: *rpꜥ ḥꜣtj-ꜥ ḫtmtj-bjtj ḥḳꜣ-jb* ?

a. statue. Aswan 1377. Habachi, *Heqaib*, no 25
b. statue. Aswan 1340. Habachi, *Heqaib*, no 26

Literature: see Franke, *Doss.*, no 440.

Dating: mid 12th Dynasty

Dossier no 84	*ꜥnḫt*
Mother:	Father:
Titles:	Husband: *sꜥnḫ-kꜣ-rꜥ*

a. offering table. Legrain, *ASAE* 4, 1903, 224.
b. offering table. Cairo, CG 23018. Kamal, *Tables d'offrandes* I, 16-17.
c. statuette. Cairo 42043. Legrain, *Statues et Statuettes*, 26-27.

Literature: see Franke, *Doss.*, nos 553 and 759.

Dating: 13th Dynasty

Dossier no 85	*ʿḳw*
Mother:	Father:
Titles: *nbt-pr*	Husband:

a. stela. Paris, Louvre C 30. Gayet, *Stèles de la XIIe dynastie*, pl. LIII
b. stela. Cairo, CG 20392. Lange-Schäfer, *CCG* I, 388-389.

Literature:

Dating: 13th Dynasty

Dossier no 86	*w3dt*
Mother:	Father:
Titles: *nbt-pr*	Husband:

a. stela. Cairo, CG 20128. Lange-Schäfer, *CCG* I, 131-132.
b. stela. Cairo, CG 20715. Lange-Schäfer, *CCG* II, 341-342.

[unceratin]

Literature:

Dating: 13th Dynasty

Dossier no 87	*w3ḏt*
Mother:	Father:
Titles:	Husband:

a. stela. Cairo, CG 20133. Lange-Schäfer, *CCG* I, 156-157.
b. stela. London, BM EA 234. Franke – Marée, *British Museum Stelae*, 82-84.

Literature: see Franke, *Doss.*, no 750

Dating: late 13th Dynasty

Dossier no 88	*wʿbwt*
Mother:	Father:
Titles: *nbt-pr*	Husband:

a. base of statuette. Petrie, *Kahun, Gurob and Hawara*, pl. X/66
b. stela. London, BM EA 1638. *HTBM* VI, pl. 27.

Literature: see Franke, *Doss.*, no 437.

Dating: late 12th Dynasty

Dossier no 89	*wꜥt*
Mother: *ḥḏrw*	Father:
Titles:	Husband:

a. stela. Cairo, CG 20056. Lange-Schäfer, *CCG* I, 65-66 (Simpson, *ANOC* 15).
b. stela. Cairo, CG 20679. Lange-Schäfer, *CCG* II, 306-307 (Simpson, *ANOC* 15).

Literature:

Dating: late 13th Dynasty

Dossier no 90	*wḥꜣt*
Mother:	Father:
Titles: *nbt-pr*	Husband:

a. stela. London BM EA 236. Franke-Marée, *British Museum Stelae*, 89-92 (Simpson, *ANOC* 45).
b. stela. Cairo CG 20144. Lange-Schäfer, *CCG* I, 169-170.
c. inscription. Dunham-Janssen, *SCF* I, RIK 23 (= Hintze-Reineke, *FSN* I, no 411)
d. inscription. Dunham-Janssen, *SCF* I, RIK 63 (= Hintze-Reineke, *FSN* I, no 479)
e. inscription. Dunham-Janssen, *SCF* I, RIK 12 (= Hintze-Reineke, *FSN* I, no 400)

Literature: Franke-Marée, *British Museum Stelae*, 91; see Franke, *Doss.*, 160.

Dating: 13th Dynasty

Dossier no 91	*wsr-ṯnj*
Mother:	Father:
Titles:	Husband: *mr wʿrt n zẖ3ww ḳdwt jw.f-n.j-r.sn*

a. stela. Cairo CG 20039. Lange-Schäfer, *CCG* I, 48-49.
b. stela. Cairo CG 20309. Lange-Schäfer, *CCG* I, 321-322.
c. stela. Habachi, *Heqaib*, no 47.

Literature: see Franke, *Doss.*, no 45; Stefanović, in: *Art and Society*, 186.

Dating: 13th Dynasty / Neferhotep I – Sebekhotep IV

Dossier no 92	*bwtw*
Mother:	Father:
Titles:	Husband: *nmtj-nẖt*

a. statue. Habachi, *Heqaib*, no 70.
b. inscription. Petrie, *Season*, no 22.

Literature: Grajetzki-Stefanović, *Dossiers*, no 217.

Dating: 13th Dynasty / Khendjer

Dossier no 93	*bb*
Mother: *nbw-dj.s*	Father:
Titles:	Husband:

a. stela. Cairo, CG 20464. Lange-Schäfer, *CCG* II, 62.
b. stela. Hermitage 8729. Bolshakov – Quirke, *Stelae*, no 10.

Literature: Bolshakov – Quirke, *Stelae*, 51.

Dating: 13th Dynasty

Dossier no 94	*bbj*
Mother:	Father:
Titles: *nbt-pr*	Husband: *jmj-r pr ḥsb jt jww*

a. stela. Museum of the Faculty of Letters, Kyoto University 36. Franke, *MDAIK* 57, 2001, 31-32.
b. stela. Habachi, *Heqaib*, no 104. K 8130; Franke, *MDAIK* 57, 2001, 25-30.

Literature: Franke, *MDAIK* 57, 2001, 30-32; Grajetzki-Stefanović, *Dossiers*, no 14.

Dating: 13th Dynasty

Dossier no 95	*bbj*
Mother: *nbt-pr nfrt-jw*	Father:
Titles: *nbt-pr*	Husband: *ꜣṯw ꜥꜣ n njwt, wr mḏw šmꜥ* (b) *zꜣ-jmn*
a. stela. Cairo, CG 20426. Lange - Schäfer, *CGC* II, 21-22. b. stela. Washington, Smithsonian Museum. Peet, *Cem. Abydos II*, pl. 14/2, p. 36.	
Literature: Franke, *Doss.*, nos 301 and 514; Stefanović, *Military Titles*, 297.	
Dating: 13th Dynasty	

Dossier no 96	*bbj*
Mother: *nbt-pr sḥnt*	Father: *mr wꜥrt n gnwtjw pth-pw-wꜣḥ ?*
Titles: *nbt-pr* (b), *nmḥjjt n njwt* (a)	Husband: *mr st n šnꜥ ꜥꜣ jmnjj*
a. stela. Tübingen 459. Brunner-Traut – Brunner, *Ägyptische Sammlung Tübingen*, 85-86, Taf. 55 (Simpson, *ANOC* 63). b. stela. Oxford 1111. Smither – Dakin, *JEA* 25, 1939, 159-160 [2], pl. XX [2] (Simpson, *ANOC* 63).	
Literature: see Franke, *Doss.*, no 71; Stefanović, *Feminine titles*, 26-27.	
Dating: mid 13th Dynasty	

Dossier no 97	*bbj*
Mother:	Father:
Titles: *nbt-pr*	Husband:

a. stela. Marseille 223. Maspero, *RT* 13, 1890, 114.
b. stela. Turin 1620. Maspero, *RT* 3, 1882, 119 (X) (Simpson, *ANOC* 54)

[uncertain]

Literature:

Dating: early 13th Dynasty / Neferhotep I

Dossier no 98	*bbtw*
Mother:	Father:
Titles:	Husband: *jdj* (a)

a. stela. Cairo CG 20549. Lange-Schäfer, *CCG* II, 36-37.
b. stela. Cairo CG 20611. Lange-Schäfer, *CCG* II, 251.

Literature: see Franke, *Doss.*, no 206.

Dating: late 12th / early 13th Dynasty

Dossier no 99	*btˁ*
Mother:	Father:
Titles:	Husband:

a. stela. Turin 1620. Maspero, *RT* 3, 1882, 119-120 (Simpson, *ANOC* 54)
b. graffito. Dunham-Janssen, *SCF* I, RIS 22 (= Hintze, *FSN* I, no 526)

Literature: Franke, *Doss.,* no 5; Stefanović, *Military Titles*, 329.

Dating: 13th Dynasty / Neferhotep I-Sebekhotep IV

Dossier no 100	*ppj*
Mother:	Father:
Titles: *nbt-pr*	Husband: *sḥḏ-šmsw jꜣjj*

a. stela. Cairo CG 20687. Lange-Schäfer, *CCG* II, 313-314.
b. stela. Cairo CG 20198. Lange-Schäfer, *CCG* I, 225-226.

Literature: Franke, *Doss.*, no 4; Stefanović, *Military Titles*, no 840.

Dating: mid 13th Dynasty

Dossier no 101	*ppj(j)*
Mother: *ḥn(w)t* (a)	Father:
Titles: *nbt-pr*	Husband: ?

a. stela. Paris, Louvre C7. Gayet, *Stèles de la XIIe dynastie*, pl. VI (Vallogia, *RdÉ* 21, 1969, pl. 12)
b. stela. Marseille 222. Maspero, *RT* 13, 1890, 113-114 (Capart, *Monuments Égyptiens*, pl. XXVII)

Literature:

Dating: late 12th Dynasty / Amenemhet III – Amenemhet IV

Dossier no 102	*ppjj*
Mother: *ḥnt* (b)	Father:
Titles: *nbt-pr*	Husband:

a. stela. Paris, Louvre C7. Gayet, *Stèles de la XIIe dynastie*, pl. VI (Vallogia, *RdÉ* 21, 1969, pl. 12)
b. stela. Marseille 222. Maspero, *RT* 13, 1890, 113-114 (Capart, *Monuments Égyptiens*, pl. XXVII)

Literature:

Dating: 12th Dynasty / Amenemhet IV

Dossier no 103	*ppw*
Mother: *jbbjjt* (d)	Father:
Titles: *nbt-pr*	Husband

a. stela. Musées d'art et d'histoire, Genève 6875. Stefanović, *SAK* 39, 2010, 313-319, Taf. 30.
b. stela. Berlin 7311. *AIB* I, 179-180 (Simpson, *ANOC* 22).
c. stela. Cairo CG 20104. Lange-Schäfer, *CCG* I, 127-129 (Simpson, *ANOC* 22).
d. stela. Cairo, CG 20147. Lange-Schäfer, *CCG* I, 172-174 (Simpson, *ANOC* 22).
e. stela. Cairo CG 20614. Lange-Schäfer, *CCG* II, 253-255.
f. stela, Vienna, KHM ÄS 140. Hein – Satzinger, *Stelen des Mitleren Reiches* I, 55-61.

[She is the mother of the *rḫ-nswt rḥw-ʿnḫ*]

Literature: Franke, *Doss.*, no 389; Grajetzki, *Two Treasurers*, 43; Grajetzki-Stefanović, *Dossiers*, no 136.

Dating: 13th Dynasty / Neferhotep I – Sebekhotep IV

Dossier no 104	*prt*
Mother: *ẖnmw-ḥtp* (a)	Father:
Titles: *nbt-pr*	Husband: *jḳr*

a. stela. London BM EA 129. *HTBM* II, pl. 41-43.
b. stela. London BM EA 131. *HTBM* I, pl. 56

Literature: see Franke, *Doss.*,nos 157, 158 and 226.

Dating: 13th Dynasty

Dossier no 105	*ptḥ-wnn.f*
Mother: *nbt-pr ẖwjjt* (a)	Father:
Titles: *nbt-pr*	Husband:

a. stela. Cairo, CG 20458. Lange-Schäfer, *CCG* II, 56-58 (Simpson, *ANOC* 42).
b. stela. Cairo, CG 20033. Lange-Schäfer, *CCG* I, 42 (Simpson, *ANOC* 42).

Literature:

Dating: late 12th Dynasty

Dossier no 106	*ptḥ-wr-b3w*
Mother: *sj* (a)	Father:
Titles:	Husband: *mr jḳdw ptḥ-ʿ3* (a)

a. stela. Cairo CG 20284. Lange-Schäfer, *CCG* I, 299-300.
b. statue. Stockholm MM 10014. Peterson, *OrSuec* 19/20, 1970, 8 [VII], Abb. 5

Literature: see Franke, *Doss.*, no 253.

Dating: early 13th Dynasty

Dossier no 107	*ptḥ-skr*
Mother:	Father:
Titles: *nbt-pr*	Husband:

a. stela. Dublin UC 1365. Quirke, *RdÉ* 51, 2000, 233-239, pl. XXXII
b. stela. Leiden L.XI.10. Boeser, *Leiden* II, 8 [26]. Taf. XXII.

Literature: Quirke, *RdÉ* 51, 2000, 238.

Dating: mid 13th Dynasty

Dossier no 108	*psdt*
Mother:	Father:
Titles: *nbt-pr*	Husband: *mr mšʿ n ẖrtjw-nṯr jjj*

a. stela. Cairo, CG 20768. Lange-Schäfer, *CCG* II, 399-400.
b. stela. Leiden L.XI.2. Boeser, *Leiden* II, 13 [50], Taf. XXXVIII.
c. offering table. Cairo, CG 23210. Kamal, *Tables d'offrandes*, 146.

Literature: see Franke, *Doss*, no 401.

Dating: 13th Dynasty

Dossier no 109	*ptw / pptw*
Mother:	Father:
Titles: *nbt-pr*	Husband: *ppj* (b-d)

a. stela, Cairo CG 20725. Lange-Schäfer, *CCG* II, 355-357.
b. statue. Cairo CG 482. Borchardt, *Statuen und Statuetten* II, 62
c. stela. London, BM EA 506. Franke- Mareé, *British Museum Stelae*, 169-173.
d. ushabti. Mariette, *Catalogue Abydos*, no 391.

Literature: see Franke, *Doss.*, nos 237A and 717.

Dating: 13th Dynasty / Sebekhotep IV – Neferhotep I

Dossier no 110	*fdnwt*
Mother:	Father:
Titles: *nbt-pr*	Husband:

a. stela. Cairo, CG 20319. Lange-Schäfer, *CCG* I, 331-332 (Stefanović, *GM* 244, 2015, 113-114, 121).
b. stela. Cairo, CG 20403. Lange-Schäfer, *CCG* II, 5 (Stefanović, *GM* 244, 2015, 114, 122).

Literature: Stefanović, *GM* 244, 2015, 114.

Dating: late 13th / 17th Dynasty

Dossier no 111	*mwt-snt*
Mother: *ḥpjj ?*	Father:
Titles:	Husband: *z-n-wsrt* (b)

a. stela. London BM EA 220. Franke-Marée, *British Museum Stelae*, 52-54.
b. stela. London BM EA 226. Franke-Marée, *British Museum Stelae*, 70-73.

[uncertain]

Literature: Franke-Marée, *British Museum Stelae*, 54.

Dating: late 13th Dynasty

Dossier no 112	*mwtjj*
Mother:	Father:
Titles: *nbt-pr*	Husband:

a. stela, Cairo CG 20549. Lange-Schäfer, *CCG* II, 177-179.
b. statue, Turin Suppl. 4281. Steckeweh, *Die Fürstengräber von Qâw*, 49 (a).
c. statue. Steckeweh, *Die Fürstengräber von Qâw*, 9 (2).

[Mother of the *ḥ3tj-ʿ w3ḥ-k3*]

Literature: see Franke, *Doss.*, no 198.

Dating: late 12th / early 13th Dynasty

Dossier no 113	*mnt*
Mother: *z3t-ḥtḥr* (a) ?	Father:
Titles: *nbt-pr*	Husband:

a. stela. Cairo, CG 20051. Lange-Schäfer, *CCG* I, 60-62.
b. seals. Cairo, CG 20581. Lange-Schäfer, *CCG* II, 222-223.

[uncertain]

Literature:

Dating: late 12th Dynasty

Dossier no 114	*mrjt*
Mother:	Father:
Titles: *nbt-pr*	Husband:

a. stela. London BM EA 236. Franke-Marée, *British Museum Stelae*, 89-92 (Simpson, *ANOC* 45).
b. stela. Cairo CG 20144. Lange-Schäfer, *CCG* I, 169-170.

[She is the sister of the well attested *jrj-ʿt n wršw jg3j-ḥtp*]

Literature: Franke-Marée, *British Museum Stelae*, 92; see Franke, *Doss.*, nos 102, 160.

Dating: 13th Dynasty

Dossier no 115	*mrjjt*
Mother:	Father:
Titles:	Husband: *wr mḏw šmꜥ jn-jt.f*

a. stela. Cairo CG 20733. Lange-Schäfer, *CCG* II, 364-365.
b. statue. London BM EA 100. *HTBM* V, pl. 4.

Literature: see Franke, *Doss.*, no 257.

Dating: 12th Dynasty / Senusert III

Dossier no 116	*mrjjt*
Mother:	Father:
Titles:	Husband:

a. stela. Paris, Louvre C243. Fischer, *RdE* 24, 1972, 70, pl. 7B.
b. stela. Cairo, CG 20733. Lange-Schäfer, *CCG* II, 363-365
c. statue. Vienna, KHM ÄS 5786. Jaroš-Deckert, *Statuen*, 60-63.

[She is the mother of *rḫ-nswt, mr ḥmw nṯr nj-sw-mnṯw*]

Literature: Franke, *Doss.*, no 283 (a-b); Grajetzki-Stefanović, *Dossiers*, no 95.

Dating: 12th Dynasty / Amenemhat II – Senusret III

Dossier no 117	*mrw / mrj*
Mother:	Father:
Titles: *nbt-pr*	Husband *smsw h3jjt z3-jmn*

a. stela. Berlin 7731. *AIB* I, 206-207 (Simpson, *ANOC* 74).
b. stela. Berlin 7732. *AIB* I, 206-207 (Simpson, *ANOC* 74).

Literature: Franke, *Doss.*, nos 516 and 517.

Dating: 13th Dynasty / Neferhotep I – Sebekhotep IV

Dossier no 118	*mrw*
Mother:	Father:
Titles: *nbt-pr*	Husband: *3ṯw n wḥmw w3ḏ*

a. stela. London, BM EA 210. *HTBM* V, pl. 14.
b. stela. Cairo, CG 20087. Lange-Schäfer, *CCG* II, 104-105 Simpson, *ANOC* 19).

Literature: See Franke, *Doss.*, no 192; Grajetzki, *Beamte*, 98 (III.36); Grajetzki-Stefanović, *Dossiers*, no 8.

Dating: 13th Dynasty

Dossier no 119	*mrw*
Mother:	Father:
Titles: *nbt-pr*	Husband: *wꜣḏ*
a. stela. Cairo CG 20087. Lange-Schäfer, *CCG* I, 104-105 (Simpson, *ANOC* 19). b. stela. London BM EA 216. Franke-Marée, *British Museum Stelae*, 38-44.	
Literature: Franke-Marée, *British Museum Stelae*, 44; see Franke, *Doss.*, no 192	
Dating: 13th Dynasty / Neferhotep I - Sebekhotep IV	

Dossier no 120	*mrw*
Mother:	Father:
Titles: *nbt-pr*	Husband: *smsw hꜣjjt zꜣ-jmn*
a. stela. Berlin 7731. *AIB* I, 206-207 (Simpson, *ANOC* 74) . b. stela. Berlin 7732. *AIB* I, 205 (Simpson, *ANOC* 74).	
Literature: see Franke, *Doss.*, nos 516 and 517; Stefanović, *Regular Military Titles*, no 879.	
Dating: 13th Dynasty / Neferhotep I - Sebekhotep IV	

Dossier no 121	*mrrjjt*
Mother:	Father:
Titles: *nbt-pr*	Husband:

a. stela. Cairo CG 20614. Lange-Schäfer, *CCG* II, 253-254.
b. stela. Leiden L.XI.6. Boeser, *Leiden*, 9 [33], Taf, XXI.

[She is the mother of the *mr sḫtjw jbj*]

Literature: see Franke, *Doss.*, no 54.

Dating: 13th Dynasty / Neferhotep I – Sebekhotep IV

Dossier no 122	*mrrt*
Mother:	Father:
Titles:	Husband:

a. stela. London, BM EA 489. Franke – Marée, *British Museum Stelae*, 162-165.
b. stela. Cambridge UMAA Z45905. Smith, *Buhen Inscriptions*, 10 [579], pls. 2 [4], 58 [3] (Dodson, *JEA* 78, 1992, 277, fig. 6, p. 279 [7]).

[uncertain]

Literature: Franke – Marée, *British Museum Stelae*, 163, n.13.

Dating: late 13th / 17th Dynasty

Dossier no 123	*mrt(j)*
Mother: *ḥn(w)t* (a)	Father:
Titles: *nbt-pr*	Husband: ?

a. stela. Paris, Louvre C7. Gayet, *Stèles de la XIIe dynastie*, pl. VI (Vallogia, *RdE* 21, 1969, pl. 12)
b. stela. Marseille 222. Maspero, *RT* 13, 1890, 113-114 (Capart, *Monuments Égyptiens*, pl. XXVII)

Literature:

Dating: late 12th Dynasty / Amenemhet III – Amenemhet IV

Dossier no 124	*mrtj*
Mother: *ṯ3* (b)	Father:
Titles: *nbt-pr*	Husband:

a. stela. Paris, Louvre C7. Gayet, *Stèles de la XIIe dynastie*, pl. VI (Vallogia, *RdE* 21, 1969, pl. 12)
b. stela. Marseille 222. Maspero, *RT* 13, 1890, 113-114 (Capart, *Monuments Égyptiens*, pl. XXVII)

Literature:

Dating: 12th Dynasty / Amenemhet IV

Dossier no 125	*ms*
Mother:	Father:
Titles:	Husband: *nfr*

a. statuette. Liverpool M.13506. Bienkowski - Tooley, *Gifts of the Nile*, 39, pl.48.
b. statuette. Liverpool M.13505. Bienkowski - Tooley, *Gifts of the Nile*, 39, pl.48.

Literature:

Dating: late 12th Dynasty

Dossier no 126	*msjjt*
Mother:	Father:
Titles: *nbt-pr*	Husband:

a. statue. Cairo, CG 406. Borchardt, *Statuen und Statuetten* II, 18-19.
b. statue. Cairo, CG 1026. Borchardt, *Statuen und Statuetten* IV, 31.

Literature: see Franke, *Doss.*, no 609.

Dating: late 13th Dynasty

Dossier no 127	*msjjt*
Mother:	Father:
Titles:	Husband:

a. stela. Cambridge, Fitzwilliam 207.1900. Martin, *Stelae*, 23-25, no 17.
b. stela. Cambridge, Fitzwilliam 273.1900. Martin, *Stelae*, 32-33, no 20.

Literature: see Franke, *Doss.,* no 531

Dating: end of 12th Dynasty

Dossier no 128	*nb-ḥr-rdjt* ?
Mother:	Father:
Titles:	Husband: *wsjr-mnẖ*

a. stela. Swansea University, Egypt Centre EC 7. Donohue, in: *Studies Malek*, 115-124, figs. 1-2.
b. stela. formerly Liverpool Museum 13.12.05.25. Donohue, in: *Studies Malek*, 126-127, figs. 3-4.

Literature: Donohue, in: *Studies Malek*, 119-120; Grajetzki-Stefanović, *Dossiers*, nos 22-23.

Dating: 13th Dynasty

Dossier no 129	*nb-ḥr-ḏd-n.j*
Mother:	Father:
Titles:	Husband: *šmsw n mr smjt z3-stj* (b)

a. stela. Swansea EC 7. Donohue, in: *Studies Malek*, 115-128.
b. stela. Liverpool 13.12.05. 25. Donohue, in: *Studies Malek,* 115-128.

Literature:

Dating: late 13th Dynasty

Dossier no 130	*nbt-jwnt*
Mother:	Father: *rḫ-nswt, mr pr ḥsb rmṯ z-n-wsrt-snbw*
Titles:	Husband:

a. stela. London, BM EA 557. *HTBM* II, pl. 3 (Simpson, *ANOC* 26).
b. stela. London, BM EA 247. *HTBM* II, pl. 25 (Simpson, *ANOC* 26).
c. stela. Cairo CG 20558. Lange-Schäfer, *CCG* II, 189-190.

Literature: see Franke, *Doss.,* no 506.

Dating: 12th Dynasty / Amenehet III

Dossier no 131	*nbt-jwnt*
Mother: *jbt* (c)	Father:
Titles:	Husband: *mr pr n pr-ḥḏ* *jn-ḥrt-nḫt* (a-c)

a. stela. London, BM EA 557. *HTBM* II, pl. 3 (Simpson, *ANOC* 26).
b. stela. London, BM EA 247. *HTBM* II, pl. 25 (Simpson, *ANOC* 26).
c. stela. Cairo CG 20558. Lange-Schäfer, *CCG* II, 189-190.
d. stela. Paris, Guimet C5. Moret, *Stèles*, 9-11, pl. IV-5.

Literature: see Franke, *Doss.,* nos 150 and 506.

Dating: 12th Dynasty / Amenehet III

Dossier no 132	*nbt-jwnt*
Mother:	Father:
Titles:	Husband: *mr pr sbk-nḫt*

a. stela. Cairo CG 20566. Lange-Schäfer, *CCG* II, 202-203.
b. stela. Turin 1527. Maspero, *RT* 3, 1882, 120-121 (XI).

Literature:

Dating: late 12th Dynasty

Dossier no 133	*nbt-jwnt*
Mother:	Father:
Titles: *ẖkrt-nswt*	Husband: *ꜥnḫ n ṯt ḥḳꜣ* (a) *ꜣṯw n ṯt ḥḳꜣ* (b) *bbj*

a. stela. Sotheby's catalogue, N08500 \| New York 10 Dec 08.
b. stela. Chicago, OIM E.6740, Garstang, *El-Arabah*, pl. XIII, E17 (Mareé, in: *The Second Intermediate Period*, 267-268. pl 54)

Literature: Stefanović, *Feminine Titles*, XI/5; Grajetzki-Stefanović, *Dossiers*, no 77

Dating: 13th Dynasty

Dossier no 134	*nbt-jt.f*
Mother:	Father:
Titles: *nbt-pr*	Husband: *wꜥ-m-kꜣw*

a. stela. Liverpool GM E.30. Bourriau, *Pharaohs and Mortals*, 60-63 [48].
b. stela. Paris, Louvre C11. Kubisch, *Lebensbilder*, doc. Abydos 2 (Simpson, *ANOC* 58).
c. stela. Paris, Louvre C12. Kubisch, *Lebensbilder*, doc. Abydos 1 (Simpson, *ANOC* 58).

Literature: see Franke, *Doss.*, no 125.

Dating: 13th Dynasty

Dossier no 135	*nbt-jtw*
Mother:	Father:
Titles: *nbt-pr*	Husband:
a. stela. Cairo, CG 20145. Lange-Schäfer, *CCG* I, 170-171. b. stela. Hermitage 1086. Bolshakov-Quirke, *Hermitage*, no 8. c. scarab-seal. London, BM EA 24095. Martin, *Seals*, no 690.	
Literature: see Franke, *Doss.*, no 533.	
Dating: late 13th Dynasty	

Dossier no 136	*nbt-nbw* [*nbt.j-m-nbw*]
Mother:	Father:
Titles: *nbt-pr*	Husband:
a. stela. Cairo CG 20763. Lange-Schäfer, *CCG* II, 397. b. stela. Paris, Louvre C13. Spalinger, *RdÉ* 32, 1980, 96-98, pl. VIII.	
Literature: Spalinger, *RdÉ* 32, 1980, 97.	
Dating: mid 13th Dynasty	

Dossier no 137	*nbt-nḥḥ*
Mother:	Father: *wꜥb ꜥnḫw/z-n-wsrt*
Titles: *nbt-pr*	Husband:

a. scarab-seal. Wegner, in: *Scarabs of the Second Millennium BC*, 223.
b. stela. London, BM EA 220. Franke-Marée, *British Museum Stelae*, 52-54.

Literature: Stefanović, in: *Fs. Satzinger*, 329.

Dating: 13th Dynasty

Dossier no 138	*nbt-ḥwt*
Mother: *zꜣt-tḫjw*	Father:
Titles:	Husband: *ḳstj nfrj*

a. stela. Paris, Louvre C186 [unpublished].
b. offering table. Cairo CG 23057. Kamal, *Tables d'offrandes* I, 50-51.

Literature: see Franke, *Doss.*, no 66.

Dating: early 13th Dynasty

Dossier no 139	*nbt-ḥwt-ḥnt.sn*
Mother: *nbw-k3w* ?	Father: *rpᶜ ḥ3tj-ᶜ ḫtmtj-bjtj smr wᶜtj mr ḥm nṯr ḥtḥr wḫ-ḥtp*
Titles:	Husband:

a. statue. Boston MFA 1973.87. *Ancient Egypt Transformed. Middle Kingdom*, no 123.
b. statue. Cairo, CG 459. Borchardt, *Statuen und Statuetten* II, 51-52.
c. tomb inscription. Meir C1. Blackman, *Meir* VI, pls. XIII, XVI.

Literature: see Franke, *Doss*., no 216.

Dating: 12th Dynasty / Senusert II – Senusert III

Dossier no 140	*nbt-sb3w*
Mother: *nbt-pr nbw-m-z3w*	Father: *smsw h3jjt ḥr-ᶜ3*
Titles:	Husband:

a. stela. Warsaw 141262. Marée, *BMSAES* 12, 2009, 43-50, 79, fig. 7.
b. statue naos. Louvre E 20909. Alliot, *Tell Edfou 1933*, 36-37, nos 1-3 (Marée, *BMSAES* 12, 2009, 80-81, fig. 8).

Literature: see Franke, *Doss.,* no 428; Marée, *BMSAES* 12, 2009, 44-45.

Dating: 13th Dynasty / Sebekhotep IV

Dossier no 141	*nbw*
Mother: *bmbw* (a)	Father:
Titles: *nbt-pr*	Husband:

a. stela. Dublin UC 1365. Quirke, *RdÉ* 51, 2000, 233-239, pl. XXXII.
b. stela. Leiden L.XI.10. Boeser, *Leiden* II, 8 [26]. Taf. XXII.

Literature: Quirke, *RdÉ* 51, 2000, 238.

Dating: mid 13th Dynasty

Dossier no 142	*nbw-wbn.s*
Mother:	Father:
Titles: *b3kt nt ḥḳ3* (b)	Husband: *ḥm nṯr tpj n ḥr nḫn* (b) *jb-jʿw*

a. stela. Cairo, CG 20767. Lange-Schäfer, *CCG* II, 399.
b. stela fragments. Chicago, OIM E5032A & E5032A. Quibell, *Hierakonpolis* I, pl. XLVI/1.

Literature:

Dating: late 13th / 17th Dynasty

Dossier no 143	*nbw-m-jwnt*
Mother:	Father:
Titles:	Husband:

a. inscription. Petrie, *Season*, no 120.
b. inscription. *DeM*, 24/169.

Literature: see Franke, *Doss.*, no 560.

Dating: 13th Dynasty

Dossier no 144	*nbw-m-ḥb*
Mother:	Father:
Titles: *ẖkrt-nswt*	Husband: *mr šnt n ḥwt-nṯr n jnpw sbk-ḥtp*

a. stela. Cairo, CG 20778. Lange-Schäfer, *CGC* II, 407-408 (Simpson, *ANOC* 77).
b. stela. Budge, *Egyptian Antiquities in the possession of Lady Meux*, 96-98, no 185.

Literature: Franke, *Doss.*, 584; Stefanović, *Feminine Titles*, XI/39.

Dating: 13th Dynasty

Dossier no 145	*nbw-m-ḥb*
Mother:	Father:
Titles: *nbt-pr*	Husband:

a. stela. Cairo CG 20763. Lange-Schäfer, *CCG* II, 397.
b. stela. Paris, Louvre C13. Spalinger, *RdÉ* 32, 1980, 96-98, pl. VIII.

Literature:

Dating: late 13th Dynasty

Dossier no 146	*nbw-m-ḥb*
Mother:	Father:
Titles: *nbt-pr* (a) *ẖkrt-nswt* (b)	Husband: *wr ẖrp ḥmwt n nb-r-ḏr ẖrj-ḥbt snb.wj* (b)

a. stela. Cairo, CG 20763. Lange-Schäfer, *CCG* II, 397.
b. stela. Cambridge, E.SS.37. Martin, *Stelae*, no 29.

[uncertain]

Literature:

Dating: late 13th / 17th Dynasty

Dossier no 147	*nbw-m-ṯḫj*
Mother:	Father:
Titles: *ḫkrt-nswt* (a)	Husband:
a. stela. Chicago, OIM 7779. Petrie - Weigall, *Abydos* I, pl. 60/4. b. stela. Cornell 967.3.75. Marée, in: *The Second Intermediate Period*, pl. 79.	
Literature: see Stefanović, *Feminine titles*, XI/41 (a)	
Dating: 13th Dynasty	

Dossier no 148	*nbw-m-z3w*
Mother: *rddt*	Father: *sḥḏ šmsw ḥr-ḥtp*
Titles: *nbt-pr*	Husband: *smsw h3jjt ḥr-ʿ3*
a. stela. Warsaw 141262. Marée, *BMSAES* 12, 2009, 43-50, 79, fig. 7. b. stela. Alliot, *Tell Edfou 1933*, no 13 c. stela. Alliot, *Tell Edfou 1933*, no 10 d. naos. Louvre E 20909. Alliot, *Tell Edfou 1933*, 36-37, nos 1-3 (Marée, *BMSAES* 12, 2009, 80-81, fig. 8)	
Literature: see Franke, *Doss.*, no 428; Marée, *BMSAES* 12, 2009, 44-45.	
Dating: 13th Dynasty / Sebekhotep IV	

Dossier no 149	*nbw-ḥr-ḫnt*
Mother: *nbt-pr nḥjj ?*	Father: *ḫtmtj-bjtj, ẖrp wsḫt, ꜣṯw n ṯt ḥkꜣ rn-snb*
Titles: *nbt-pr*	Husband:

a. stela. Copenhagen, Ny Carlsberg Glyptotek, ÆIN 964. Koefoed-Petersen, *Stele eg. Kopenhague*, no 16 (Jørgensen, *Catalogue Egypt I (3000-15500 B.C.)*, 190-191, no 79; Simpson, *ANOC* 59)
b. stela. New York, MMA 63.154. Fischer, *Egyptian Studies III*, 130-133, pl. 25 (Simpson, *ANOC* 59).

Literature: see Franke, *Doss*., no 373; Stefanović, *Regular Military Titles*, no 430.

Dating: 13th Dynasty / Sebekhotep II

Dossier no 150	*nbw-kꜣw*
Mother: *jwnt*	Father:
Titles: *nbt-pr*	Husband: *rpꜥ ḥꜣtj-ꜥ ḫtmtj-bjtj smr wꜥtj mr ḥm nṯr ḥtḥr wḫ-ḥtp*

a. statue. Boston MFA 1973.87. *Ancient Egypt Transformed. Middle Kingdom*, no 123.
b. statue. Cairo, CG 459. Borchardt, *Statuen und Statuetten* II, 51-52.
c. tomb inscription. Meir C1. Blackman, *Meir* VI, pls. XIII, XVI.

Literature: see Franke, *Doss*., no 216.

Dating: 12th Dynasty / Senusert II – Senusert III

Dossier no 151	*nbw-dj.s*
Mother: *snt*	Father:
Titles:	Husband:

a. stela. Cairo, CG 20464. Lange-Schäfer, *CCG* II, 62.
b. stela. Hermitage 8729. Bolshakov – Quirke, *Hermitage*, no 10.

Literature: Bolshakov – Quirke, *Hermitage*, 51.

Dating: 13th Dynasty

Dossier no 152	*nbw-ddt*
Mother:	Father:
Titles:	Husband: *jnj-jt.f*

a. stela. Cairo CG 20428. Lange-Schäfer, *CCG* II, 25-26.
b. stela. Cairo CG 20429. Lange-Schäfer, *CCG* II, 26-27.

Literature: see Franke, *Doss.*, nos 64, 180, 259.

Dating: late 13th Dynasty

Dossier no 153	*nfr-ḥtp*
Mother: *b3kt nt ḥḳ3 mwt-pw-snb*	Father: *šmsw ddj*
Titles: *ʿnḫt nt nswt tpt*	Husband:

a. seal. London, UC 11438. Martin, *Seals*, no 715.
b. stela. Bolton 1920.10.12 (ex 10.20.12). Stefanović, *SAK* 2009, 297-309.

Literature: Stefanović, *Feminine Titles*, III/7.

Dating: 13th Dynasty

Dossier no 154	*nfr-ḥtp*
Mother:	Father:
Titles: *nbt-pr*	Husband: *mr mrw ddw-sbk rn-nfr: jj-jb*

a. statue. Turin, Suppl. 4265. Melandri , *Vicino & Medio Oriente* XV, 2011, 249-270.
b. stela. Turin 154. Steckeweh, *Die Fürstengräber von Qâw*, 47 (9), pl. 17a.

[She is the mother of *mr ḥmw-nṯr w3ḥ-k3* (II)]

Literature: Franke, *Doss*. no 199 (a-b); Grajetzki-Stefanović, *Dossiers*, no 68.

Dating: 12th Dynasty / Senusret II – Senusret III

Dossier no 155	*nfrt*
Mother: *jjj*	Father:
Titles:	Husband: *z-n-wsrt*

a. stela, Cambridge E.207.1900. Martin, *Stelae,* no 17 (Simpson, *ANOC* 56)
b. stela, Cambridge E.273.1900. Martin, *Stelae,* no 20, 32-33 (Simpson, *ANOC* 56)

Literature: see Franke, *Doss.*, no 83.

Dating: late 12th Dynasty

Dossier no 156	*nfrt*
Mother:	Father:
Titles:	Husband:

a. offering table. Cairo, CG 23027. Kamal, *Tables d'offrandes*, 22-23
b. statue. Baltimore WAT 22.166. Steindorf, *Catalogue*, no 54.

Literature: see Franke, *Doss.*, no 616.

Dating: 12th Dynasty

Dossier no 157	*nfrt*
Mother: *jjj*	Father:
Titles:	Husband: *z-n-wsrt*

a. stela. Cambridge E.51.1901. Martin, *Stelae,* no 18.
b. stela. Cairo CG 20336. Lange-Schäfer, *CCG* I, 348.

Literature: see Franke, *Doss.*, no 84.

Dating: late 12th Dynasty

Dossier no 158	*nfrt*
Mother: *nbt*	Father:
Titles: *nbt-pr*	Husband:

a. stela. Marseille 223. Maspero, *RT* 13, 1890, 114 (23).
b. stela. Vienna KHM ÄS 182. Hein – Satzinger, *Stelen des Mittleren Reiches* I, 137-143.

[uncertain]

Literature:

Dating: 13th Dynasty / Neferhotep I

Dossier no 159	*nfrt*
Mother: *jjj*	Father:
Titles:	Husband: *zj-nj-wst* (b)

a. stela. Cambridge, Fitzwilliam 207.1900. Martin, *Stelae*, 23-25, no 17.
b. stela. Cambridge, Fitzwilliam 273.1900. Martin, *Stelae*, 32-33, no 20.

Literature: Grajetzki-Stefanović, *Dossiers*, no 181.

Dating: end of 12th Dynasty

Dossier no 160	*nfrt-jw*
Mother:	Father:
Titles: *nbt-pr*	Husband:

a. stela. Vienna, KHM ÄS 105. Hein – Satzinger, *Stelen des Mitleren Reiches,* I 18-22.
b. stela. Vienna, KHM ÄS 156. Hein –Satzinger, *Stelen des Mitleren Reiches* I, 84-91.
c. stela. Vienna, KHM ÄS 136. Hein –Satzinger, *Stelen des Mitleren Reiches* I, 48-54.

Literature: see Franke, *Doss.,* nos 722 and 726 (a-b); Hein –Satzinger, *Stelen des Mitleren Reiches* I, 18-19; Grajetzki-Stefanović, *Dossiers*, no 223.

Dating: 13th Dynasty

Dossier no 161	*nfrt-jw*
Mother:	Father:
Titles: *nbt-pr*	Husband:

a. stela. Cairo, CG 20087. Lange-Schäfer, *CCG* I, 104-105 (Simpson, *ANOC* 19).
b. stela. Cairo, CG 20520. Lange-Schäfer, *CCG* II, 116-122 (Simpson, *ANOC* 32).

[uncertain]

Literature:

Dating: early 13th Dynasty

Dossier no 162	*nfrt-jw*
Mother:	Father:
Titles: *ʿnḫt nt nswt tpt*	Husband:

a. stela. Cairo, CG 20481. Lange-Schäfer, *CGC* II, 76-77.
b. stela. Cairo, CG 20743. Lange-Schäfer, *CGC* II, 376-377.

Literature: Stefanović, *Feminine Titles*, III/8.

Dating: 13th Dynasty

Dossier no 163	*nfrt-jw*
Mother:	Father:
Titles: *nbt-pr*	Husband: *šmsw n mr smjt z3-stj* (b)

a. stela. London BM EA 223. Franke-Marée, *British Museum Stelae*, 59-61.
b. stela. London BM EA 504. Franke-Marée, *British Museum Stelae*, 70-73.

[uncertain]

Literature: Franke-Marée, *British Museum Stelae*, 61.

Dating: 13th Dynasty / Neferhotep I

Dossier no 164	*nfrt-wbn.s*
Mother:	Father:
Titles: *ẖkrt-nswt*	Husband: *z3-nswt ḥr-ḫw.f*

a. stela. Cairo JE 48229. Marée, *BMSAES* 12, 2009, 60-62, fig. 17.
b. stela. Marée, *Afrique & Orient* 53 2009, 11-21, figs. 2-3.

Literature: Grajetzki-Stefanović, *Dossiers*, no 125.

Dating: 13th / 17th Dynasty

Dossier no 165	*nfrt-wbn.s*
Mother:	Father:
Titles: *ẖkrt-nswt*	Husband: *ꜣṯw n ṯt ḥḳꜣ rꜥ-msw*
a. stela. Cairo, JE 46785. Engelbach, *ASAE* 23, 1923, 183-186. b. stela. Cairo, JE 48229. Mareé, *BMSAES* 12, 2009, fig. 17.	
Literature: Stefanović, *Feminine Titles*, XI/63.	
Dating: 13th Dynasty	

Dossier no 166	*nfrt-wbn.s*
Mother:	Father:
Titles: *ẖkrt-nswt*	Husband: *ꜣṯw n ṯt ḥḳꜣ skb-ḥtp*
a. fragments of the stela. Pittsburgh 2231/4. Petrie - Weigall, *Abydos* I, pl. LIX. b. stela. Cairo, CG 20668. Lange-Schäfer, *CCG* II, 297.	
Literature: Franke, *Doss.*, no 576; Stefanović, *Feminine Titles*, XI/61.	
Dating: 13th Dynasty	

Dossier no 167	*nfrt-tw*
Mother:	Father:
Titles:	Husband:

a. stela. London, BM EA 187. *HTBM* II, pl. 13.
b. stela. London, BM EA 210. *HTBM* II, pl. 34.

Literature: Grajetzki-Stefanović, *Dossiers*, no 88.

Dating: late 12th / 13th Dynasty

Dossier no 168	*nfrw*
Mother:	Father:
Titles:	Husband: *ḥꜣtj-ꜥ ḫtmw-nṯr ḥr*

a. offering table. Cairo, CG 23045. Kamal, *Tables d'offrandes*, 39-41.
b. stela. Cairo, CG 20724. Lange-Schäfer, *CCG* II, 333-335.

Literature: Grajetzki-Stefanović, *Dossiers*, no 55.

Dating: early 13th Dynasty (?)

Dossier no 169	*nfrw*
Mother:	Father:
Titles: *nbt-pr*	Husband: *ḥ3tj-ꜥ ḫtmw-nṯr ḥrw* (b)
a. statue. Cairo, CG 540. Borchardt, *Statuen und Statuetten* II, 79. b. stela. Petrie – Griffith, *Abydos* II, pl. XXIX	
Literature: see Franke, *Doss*., no 673.	
Dating: early 13th Dynasty	

Dossier no 170	*nfrw*
Mother:	Father: *rḫ-nswt, mr pr ḥsb rmṯ* *z-n-wsrt-snbw*
Titles:	Husband:
a. stela. London, BM EA 557. *HTBM* II, pl. 3 (Simpson, *ANOC* 26). b. stela. London, BM EA 247. *HTBM* II, pl. 25 (Simpson, *ANOC* 26). c. stela. Cairo, CG 20558. Lange-Schäfer, *CCG* II, 189-190.	
Literature: see Franke, *Doss*., no 506.	
Dating: 12th Dynasty / Amenehet III	

Dossier no 171	*nfrw*
Mother:	Father:
Titles:	Husband: *ḥꜣtj-ʿ mr ḥmw-nṯr ḥrj*

a. stela. Cairo CG 20329. Lange-Schäfer, *CCG* I, 342.
b. fragment of offering table. Warsaw 138796. Maree, *BMSAES* 12, 2009, 52-56, fig. 13.
c. stela. Alliot, *Tell Edfou 1933*, 30 (4).

Literature: Maree, *BMSAES* 12, 2009, 52-56; Grajetzki-Stefanović, *Dossiers*, no 143.

Dating: 13th Dynasty

Dossier no 172	*nfrw*
Mother:	Father:
Titles:	Husband: *ḥꜣtj-ʿ ẖtmw-nṯr ḥrw*

a. statue. Cairo, CG 520. Borchardt, *Statuen und Statuetten*, 79.
b. stela. Petrie - Griffith, *Abydos* II, XXIX.

Literature: Grajetzki-Stefanović, *Dossiers*, no 145.

Dating: early 13th Dynasty (?)

Dossier no 173	*nfrw*
Mother:	Father: *wḥmw jb-jʿw*
Titles:	Husband:

a. stela. Cairo CG 20428. Lange-Schäfer, *CCG* II, 25-26.
b. stela. Cairo CG 20429. Lange-Schäfer, *CCG* II, 26-27

Literature:

Dating: late 13th Dynasty

Dossier no 174	*nfrw-nbw*
Mother: *snbt*	Father: *jp*
Titles: *nbt-pr*	Husband: *z3b sḥḏ zẖ3ww n njwt rsjt p3-ntj-nj*

a. stela. London, BM EA 254. Franke – Marée, *British Museum Stelae*, 138-140.
b. stela. Paris, Louvre C43. Hamza, *MDAIK* 63, 2007, 53-60, Taf.9.
c. stela. Rio de Janeiro, Museu Nacional 646 [2436]. Kitchen, *Catalogue*, no 18.

Literature: see Franke, *Doss.* no 231 (a-b); Grajetzki, *Two Treasurers*, 33; Grajetzki-Stefanović, *Dossiers*, no 79; Franke – Marée, *British Museum Stelae*, 139-140.

Dating: 13th Dynasty

Dossier no 175	*nfrw-sbk*
Mother:	Father:
Titles: *nbt-pr*	Husband:

a. stela. Cairo CG 20763. Lange-Schäfer, *CCG* II, 397.
b. stela. Paris, Louvre C13. Spalinger, *RdÉ* 32, 1980, 96-98, pl. VIII.

Literature:

Dating: mid 13th Dynasty

Dossier no 176	*nḥj*
Mother:	Father:
Titles: *nbt-pr*	Husband: *ꜥnḫ n njwt ꜥnḫw*

a. stela. Copenhagen, Ny Carlsberg Glyptotek, ÆIN 964 Koefoed-Petersen, *Stele eg. Kopenhague*, no 16 (Jørgensen, *Catalogue Egypt I (3000-1550 B.C.)*, 190-191, no 79).
b. stela. New York, MMA 68.14. Fischer, *Egyptian Studies III*, 129-130, pl. 25.

Literature: Stefanović, *Regular Military Titles*, no 849; Grajetzki-Stefanović, *Dossiers*, no 56.

Dating: 13th Dynasty / Sebekhotep II

Dossier no 177	*nḫjj*
Mother:	Father:
Titles: *nbt-pr*	Husband: *ẖtmtj-bjtj, ẖrp wsḫt, ꜣṯw n ṯt ḥḳꜣ rn-snb*

a. stela. Copenhagen, Ny Carlsberg Glyptotek, ÆIN 964. Koefoed-Petersen, *Stele eg. Kopenhague*, no 16 (Jørgensen, *Catalogue Egypt I (3000-1550 B.C.)*, 190-191, no 79; Simpson, *ANOC* 59)
b. stela. New York, MMA 63.154. Fischer, *Egyptian Studies III*, 130-133, pl. 25 (Simpson, *ANOC* 59).

Literature: Stefanović, *Regular Military Titles*, nos 430 and 867; Franke, *Doss.*, nos 301, 373 and 381.

Dating: 13th Dynasty / Sebekhotep II

Dossier no 178	*nḫjj*
Mother:	Father:
Titles: *nbt-pr*	Husband:

a. stela. Cairo, CG 20030. Lange-Schäfer, *CCG* I, 38-40.
b. stela. Vienna, KHM ÄS 172. Hein – Satzinger, *Stelen des Mitleren Reiches* II, 94-98.

Literature: Grajetzki-Stefanović, *Dossiers*, no 18

Dating: 13th Dynasty / Neferhotep I – Sebekhotep IV

Dossier no 179	*nḥt-n.j*
Mother: *ꜣbt-n.j* (a)	Father: *nn-ꜥ.j-sj* (a)
Titles:	Husband: *wr mḏw šmꜥ nb-swmnw*

a. stela. Vienna KHM ÄS 180. Hein- Satzinger, *Stelen des Mittleren Reiches* II, 103-111 (Simpson, *ANOC* 49)
b. stela. Avignon, Musée Calvet 3. Moret, *RT* 32, 1910, 137-138, pl. 11 (Simpson, *ANOC* 49)

[She is the mother of the vizier *jwjj*]

Literature: see Franke, *Doss.*, no nos 46, 304 and 463; Hein- Satzinger, *Stelen des Mittleren Reiches* II, 105-106

Dating: late 13th / early 17th Dynasty

Dossier no 180	*nḫt-n.j*
Mother: *ẖkrt-nswt sbk-rs* (a)	Father: *ḫtmtj bjtj ḥm-nṯr n jmn snb.f* (a)
Titles: *ẖkrt-nswt* *ẖkrt-nswt wˁtt* (b)	Husband: *ḥrj ḫ3wt jb-jˁw* (b)
a. stela. Cairo JE 37507. Legrain, *RT* 24, 1902, 213. b. block R7. Cahail, *JARCE* 51, 2015, 105-106.	
Literature: Cahail, *JARCE* 51, 2015, 105-106.	
Dating: end of 13th Dynasty	

Dossier no 181	*nḫt-ˁnḫ*
Mother: *dds* (b)	Father: *wˁb nfr-ḥtp* (b)
Titles: *nbt-pr*	Husband: *ˁnḫ n njwt mnṯw-ḥtp*
a. stela. Toulouse, Musée Georges Labit 49.268. Ramond, *Musée Labit*, no 4, pl. IV. b. stela. Moscow, Pushkin State Museum of Fine Arts I.1.a.5649. Hodjash – Berlev, *Pushkin Museum*, no 35.	
Literature: see Franke, *Doss.*, no 265; Stefanović, *Regular Military Titles*, no 87	
Dating: 13th Dynasty	

Dossier no 183	*nḫtj*
Mother: *smt-sn* (a)	Father:
Titles:	Husband: *nḫt*
a. inscription. Petrie, *Season*, no 97 (= *DeM* 19/110). b. inscription. Petrie, *Season*, no 134.	
Literature: see Franke, *Doss*., no 342	
Dating: late 13th Dynasty	

Dossier no 184	*nḫtj*
Mother:	Father:
Titles:	Husband:
a. stela. Florence 2521. Bosticco, *Stele Egiziane*, no 33. b. stela. Stockholm MM 32004. Peterson, *OrSuec* 14, 1965, 3-6.	
Literature: see Franke, *Doss*., no 255.	
Dating: 12th Dynasty / Amenemhat III	

Dossier no 185	*nḫtj*
Mother:	Father:
Titles:	Husband: *nḫt*

a. inscription. Petrie, *Season*, no 97 (= *DeM* 19/110).
b. inscription. Petrie, *Season*, no 134.

Literature: see Franke, *Doss.*, no 476.

Dating: late 13th Dynasty

Dossier no 186	*nšmt-ḥtp.tj*
Mother: *nbt-pr snb-ḥnᶜ.s*	Father: *rpᶜ ḥ3tj-ᶜ ḫtmtj-bjtj mr gs pr wp-w3wt-ḥtp*
Titles: *nbt-pr*	Husband:

a. stela. Cairo CG 20690. Lange-Schäfer, *CCG* II, 177-179.
b. stela. Würzburg H 35. Berlev, *Pal.Sb.* 25, 1974, 26-31.

[*nšmt-ḥtp.tj* is a granddaughter of the vizier *ᶜnḫw*, and grand- granddaughter of the *nbt-pr ḥnwt-pw*; see doss. no 234]

Literature: see Franke, *Doss.*, no 207.

Dating: 13th Dynasty / Sobekhotep II - Khendjer

Dossier no 187	*nkt-tj-mpt*
Mother: *nbt-pr ꜥkjw* (a)	Father:
Titles: *nbt-pr*	Husband: *rn.f-snb*
a. stela. Zagreb 586. Monnet Saleh, *Les antiquités égyptiennes de Zagreb*, no 4. b. stela. London BM EA 1246. *HTBM* III, pl. 19.	
Literature: see Franke, *Doss.,* no 175.	
Dating: 12th Dynasty / Amenemhet III	

Dossier no 188	*nt-jb*
Mother:	Father:
Titles:	Husband: *wḥmw*
a. inscription. Hintze-Reineke, *FSN* I, no 496. b. inscription. Hintze-Reineke, *FSN* I, no 497.	
Literature: Stefanović, *Regular Military Titles*, no 287; Grajetzki-Stefanović, *Dossiers*, no 122.	
Dating: 12th Dynasty / Amenemhat III	

Dossier no 189	*nt-jb*
Mother: *nḫjj*	Father:
Titles: *nbt-pr*	Husband: *mr pr ḥsb sšmw jꜥt-jb*
a. stela, Lieblien, *Dict*. no 1904. b. stela, Paris, Louvre C29. Lieblien, *Dict*. no 388 [archieves photo E.908]	
Literature: see Franke, *Doss*., no 700	
Dating: 13th Dynasty	

Dossier no 190	*nt-nbw*
Mother:	Father:
Titles:	Husband:
a. offering table. Cairo, CG 23047. Kamal, *Tables d'offrandes*, 42-43 b. stela. Stockholm NME 17. Andreu, *BIFAO* 80, 1980, 140-143. c. stela. Leiden AP.36. Boeser, *Leiden* II, pl. 37	
Literature: see Franke, *Doss*., no 630.	
Dating: 12th Dynasty	

Dossier no 191	*nt-ḥḏt*
Mother: *šftw*	Father:
Titles:	Husband: *mnw-ʿꜣ*

a. stela. Aswan 1118. Habachi, *Heqaib*, no 51.
b. statue. Aswan 1336. Habachi, *Heqaib*, no 50.
c. scarab-seals. Martin, *Seals*, nos. 642 and 643.
d. stela. Paris, Louvre C246 [unpublished].
e. statue. Baltimore, WAG 22.190. Habaschi, *Heqaib*, Appendix no 5
f. stela. Paris, Louvre C199. Habaschi, *Heqaib*, Appendix no 4

[She is the mother of the *mr pr wr tjtj*, one of the best known officials of the 13th Dynasty]

Literature: see Franke, *Doss.*, no 732; Franke- Mareé, *Stelae*, 128-129.

Dating: late 13th Dynasty

Dossier no 192	*rwjw*
Mother:	Father:
Titles:	Husband: *nfr*

a. statuette. Munich ÄS 1569. von Bissing, *ZÄS* 71, 1935, 38-39.
b. statuette. Hermitage 2960. Матье, *Искусство древнего Египта*, 197-198, fig. 97.

Literature:

Dating: late 17th Dynasty

Dossier no 193	*rn-snb*
Mother: *nbt-pr rdjt-n-sn*	Father: *šmsw pr-ʿ3 nb-ʿnḫ* ?
Titles:	Husband:

a. stela. Cairo, CG 20627. Lange-Schäfer, *CCG* II, 265-266.
b. stela. Trieste 12002. Dolzani, *Civico Museo di storia ed arte di Trieste*, no 5.

Literature:

Dating: 13th Dynasty

Dossier no 194	*rn-snb*
Mother:	Father:
Titles: *nbt-pr*	Husband: *ʿ3mw-snb.tj.fj* (b)

a. stela. Cairo CG 20491. Lange-Schäfer, *CCG* II, 81-83.
b. statue. Baltimore, WAG 22.214. Newberry, *PSBA* 23, 1901, 220-221.

Literature: see Franke, *Doss.*, no 318.

Dating: 13th Dynasty

Dossier no 195	*rn-snb*
Mother:	Father:
Titles: *ꜥnẖt nt nswt tpt*	Husband:

a. stela. Cairo, CG 20481. Lange-Schäfer, *CGC* II, 76-77.
b. stela. Cairo, CG 20743. Lange-Schäfer, *CGC* II, 376-377.

Literature: Stefanović, *Feminine Titles*, III/9.

Dating: 13th Dynasty

Dossier no 196	*rn-snb*
Mother:	Father:
Titles: *bꜣkt nt ḥḳꜣ*	Husband: *wr mḏw šmꜥ ddw-sbk*

a. stela. Cairo, CG 20481. Lange-Schäfer, *CGC* II, 76-77.
b. stela. Cairo, CG 20743. Lange-Schäfer, *CGC* II, 376-377.

Literature: Stefanović, *Feminine Titles*, VII/17.

Dating: 13th Dynasty

Dossier no 197	*rn-snb*
Mother:	Father:
Titles:	Husband:

a. stela. Aswan 1307. Habachi, *Heqaib*, no 46.
b. stela. Habachi, *Heqib*, no 47.
c. inscription. *DeM* 73/50 (= Petrie, *Season*, no 53)

Literature: see Franke, *Doss.*, no 611.

Dating: 13th Dynasty / Neferhotep I – Sebekhotep IV

Dossier no 198	*rn-snb*
Mother:	Father:
Titles: *nbt-pr*	Husband: *wꜥb zꜣ-mnṯw*

a. stela. Cairo, CG 20059. Lange-Schäfer, *CCG* I, 73-74.
b. stela. Cairo, CG 20596. Lange-Schäfer, *CCG* II, 235-236.

Literature: see Franke, *Doss.*, no 749.

Dating: 13th Dynasty

Dossier no 199	*rn-snb*
Mother:	Father:
Titles: *nbt-pr*	Husband:

a. stela. Alliot, *Tell Edfou 1933*, no 13.
b. stela. Alliot, *Tell Edfou 1933*, no 6.

[She is the mother of the well attested *smsw hꜣjjt ḥrw-ꜥꜣ*]

Literature: see Franke, *Doss.*, no 654; Stefanović, *Military Titles*, no 210.

Dating: 13th Dynasty / Neferhotep I

Dossier no 200	*rn-snb*
Mother:	Father:
Titles: *nbt-pr*	Husband: *sḥḏ šmsw ḥr-ḥtp*

a. stela. Warsaw 141262. Marée, *BMSAES* 12, 2009, 43-50, 79, fig. 7.
b. stela. Alliot, *Tell Edfou*, no 13.
c. stela. Alliot, *Tell Edfou*, no 10.
d. naos. Louvre E 20909. Alliot, *Tell Edfou*, 36-37, nos 1-3 (Marée, *BMSAES* 12, 2009, 80-81, fig. 8).
e. statue. Richmond 63-29. de Meulenaire, *BIFAO* 69, 1971, 61-66, pl. X-XIII.

Literature: see Franke, *Doss.*, nos 428 and 434; Marée, *BMSAES* 12, 2009, 44-45.

Dating: 13th Dynasty / Sebekhotep IV

Dossier no 201	*rn.s-ˁnḫ*
Mother: *snbt*	Father: *jbw* ? (a)
Titles:	Husband:

a. stela. Cairo, CG 20681. Lange-Schäfer, *CCG* II, 308-309.
b. stela. Cairo, CG 20043. Lange-Schäfer, *CCG* I, 53 (Simpson, *ANOC* 14).

Literature: see Franke, *Doss.* no 194.

Dating: late 13th Dynasty

Dossier no 202	*rn.f-ˁnḫ*
Mother: *nbt-pr ḫwjjt* (a)	Father:
Titles: *nbt-pr*	Husband:

a. stela. Cairo, CG 20458. Lange-Schäfer, *CCG* II, 56-58 (Simpson, *ANOC* 42).
b. stela. Cairo, CG 20033. Lange-Schäfer, *CCG* I, 42 (Simpson, *ANOC* 42).

Literature:

Dating: late 12th Dynasty

Dossier no 203	*rn.f-ʿnḫ*
Mother:	Father:
Titles: *nbt-pr*	Husband: *wr mḏw šmʿw bmbw*

a. stela. Rome, Vatican MG 170. Simpson, *ANOC* 65.2.
b. obelisk stela. Durham EG608 (N.1984). Bourriau, *Pharaohs and Mortals*, no 52.

Literature: see Franke, *Doss*., no 230.

Dating: mid 13th Dynasty

Dossier no 204	*rn.s-snb*
Mother: *nbt-pr tjt*	Father: *wr mḏw šmʿ jj-snb*
Titles:	Husband:

a. stela. Toulouse, Musée Georges Labit 49.268. Ramond, *Musée Labit*, no 4, pl. IV.
b. stela. Moscow, Pushkin State Museum of Fine Arts I.1.a.5649. Hodjash – Berlev, *Pushkin Museum*, no 35.

Literature:

Dating: 13th Dynasty

Dossier no 205	*rn.s-snb*
Mother:	Father:
Titles: *ʿnḫt nt njwt*	Husband: *mr sḫtjw ḫʿj-ḫpr-rʿ-snb*

a. stela. Florence 2561. Bosticco, *Stele*, no 36 (Simpsom, *ANOC* 32).
b. stela. Florence 2559. Bosticco, *Stele*, no 35 (Simpsom, *ANOC* 32).
c. stela. Cairo, CG 20520. Lange-Schäfer, *CGC* II, 116-122.

Literature: Franke, *Doss*., no 336; Stefanović, *Feminine Titles*, II/7.

Dating: early 13th Dynasty

Dossier no 206	*rn.s-snb*
Mother:	Father:
Titles: *ʿnḫt* [*nt njwt ?*]	Husband:

a. stela. Florence 2561. Bosticco, *Stele*, no 36 (Simpson, *ANOC* 32).
b. stela. Florence 2559. Bosticco, *Stele*, no 35 (Simpson, *ANOC* 32).

Literature: see Franke, *Doss*., nos 336 and 447.

Dating: early 13th Dynasty

Dossier no 207	*rn.s-snb*
Mother: *ʿm* (a)	Father:
Titles: *nbt-pr*	Husband: *mr mḏwt k3*

a. stela. Cairo, CG 20032. Lange-Schäfer, *CCG* I, 41-42.
b. stela. Cairo, CG 20742. Lange-Schäfer, *CCG* II, 374-376.

Literature: see Franke, *Doss.*, no 707.

Dating: 13th Dynasty

Dossier no 208	*rn.s-snb*
Mother: ////	Father:
Titles: *mnʿt*	Husband:

a. inscription. Petrie, *Season*, no 137 (= *DeM* 12/41)
b. inscription. *DeM* 31/10

Literature: see Franke, *Doss.*, no 459.

Dating: mid 12th Dynasty

Dossier no 209	*rn.s-snb*
Mother:	Father:
Titles:	Husband:

a. stela. Cairo, CG 20075. Lange-Schäfer, *CCG* I, 89-92.
b. stela. Leiden L.XI.9. Boeser, *Leiden* II,13[53], Taf. XXXV

Literature: see Franke, *Doss.*, no 610

Dating: mid 13th Dynasty

Dossier no 210	*rḥw-twt*
Mother:	Father:
Titles: *mnꜥt*	Husband:

a. stela. Cairo, CG 20426. Lange - Schäfer, *CGC* II, 21-22.
b. stela. Washington, Smithsonian Museum. Peet, *Cem. Abydos II*, pl. 14/2, p. 36.

Literature: Stefanović, *Feminine Titles*, VIII/48.

Dating: 13th Dynasty

Dossier no 211	*rsst*
Mother:	Father:
Titles: *nbt-pr*	Husband:
a. stela. Zagreb 592, Monnet Saleh, *Les antiquités égyptiennes de Zagreb*, no 8, 22-23. b. statue. Aswan 1351. Habachi, *Heqaib*, no 69.	
Literature: Grajetzki-Stefanović, *Dossiers*, no 194	
Dating: early 13th Dynasty	

Dossier no 212	*rdjt-n-sn*
Mother: *nbt-pr jt.f-ꜥnḫ*	Father:
Titles: *nbt-pr*	Husband: *šmsw pr-ꜥꜣ nb-ꜥnḫ* ?
a. stela. Cairo, CG 20627. Lange-Schäfer, *CCG* II, 265-266. b. stela. Trieste 12002. Dolzani, *Civico Museo di storia ed arte di Trieste*, no 5.	
Literature: see Franke, *Doss.*, no 292.	
Dating: 13th Dynasty	

Dossier no 213	*hnjjt*
Mother:	Father:
Titles:	Husband: *ṯ3w ꜥ n zẖ3w n mr ḫtmt z3-jꜥḥ*

a. rock inscription. Hintze-Reineke, *FSN* I, no 447.
b. rock inscription. Hintze-Reineke, *FSN* I, no 474.

Literature: Grajetzki-Stefanović, *Dossiers*, no 164.

Dating: late 12th/13th Dynasty

Dossier no 214	*ḥ3-ꜥnḫ.s*
Mother:	Father:
Titles: *nbt-pr*	Husband: *šmsw z3-ḥtḥr* (a)

a. stela. Rome, Vatican MG 22784 (= 279). Botti-Romanelli, *Museo Gregoriano Egizio*, no 132, tav. lxiv.
b. stela. Hermitage 1078. Bolshakov-Quirke, *Hermitage*, no 17.

Literature: see Franke, *Doss.*, no 303.

Dating: late 13th Dynasty

Dossier no 215	*ḥꜣ-ꜥnḫ.s*
Mother: *nbt-pr jdj*	Father: *zꜣ-ḥtḥr* ?
Titles:	Husband:

a. stela. Cairo, CG 20627. Lange-Schäfer, *CCG* II, 265-266.
b. stela. Trieste 12002. Dolzani, *Civico Museo di storia ed arte di Trieste*, no 5.

Literature:

Dating: 13th Dynasty

Dossier no 216	*ḥꜣ-nj*
Mother:	Father:
Titles:	Husband: *nbw-n-ptḥ* (b)

a. stela. Cairo CG 20567. Lange-Schäfer, *CCG* II, 203-205 (Simpson, *ANOC* 39).
b. stela. Cairo CG 20568. Lange-Schäfer, *CCG* II, 205-206 (Simpson, *ANOC* 39).

Literature: see Franke, *Doss.*, no 308.

Dating: mid 12th Dynasty

Dossier no 217	*ḥtḥr*
Mother: *m3j-m-ḥr* (b)	Father:
Titles:	Husband: *mr jḳdw ẖw-n-bjk*

a. stela. London BM EA 560. *HTBM* II, pl. 35.
b. stela. London BM EA 584. *HTBM* II, pl. 14.

Literature: see Franke, *Doss.*, no 286.

Dating: early 12th Dynasty

Dossier no 218	*ḥtḥr*
Mother: *nfrt-jw*	Father:
Titles: *nbt-pr*	Husband:

a. stela. Cairo, CG 20286. Lange-Schäfer, *CCG* I, 301-302.
b. stela. Cairo, CG 20716. Lange-Schäfer, *CCG* II, 343-344.

Literature:

Dating: mid 13th Dynasty

Dossier no 219	*ḥbggt*
Mother: *nbt-pr jdjj*	Father: *zẖꜣw jn-jt.f* (a)
Titles: *nbt-pr*	Husband:

a. stela. Paris, Louvre C27. Lieblein, *Dict.*, no 98.
b. tablet. Liverpool M13907. Lieblein, *Dict.*, no 332.

Literature:

Dating: mid 13th Dynasty

Dossier no 220	*ḥbggt*
Mother: *nbt-pr mnṯw-ḥtp* (b)	Father:
Titles: *nbt-pr*	Husband:

a. statue. Cairo, CG 427. Borchardt, *Statuen und Statuetten* II, 32-33.
b. stela. Cairo, CG 20570. Lange-Schäfer, *CCG* II, 207-208.
c. stela. Cairo, CG 20477. Lange-Schäfer, *CCG* II, 74.

[She is the mother of the vizier *ddw-mnṯw / snb.tj.fj*]

Literature: see Franke, *Doss.*, no 745

Dating: late 13th / 17th Dynasty

Dossier no 221	*ḥpj*
Mother:	Father:
Titles: *nbt-pr*	Husband: *mr jḳdw n ptḥ-skr ppj*

a. stela. Leiden AP.38. Boeser, *Ledien* II, 6[13], Taf. XIV (Simpson, *ANOC* 36).
b. stela. Leiden AP.3. Boeser, *Ledien* II, 6[15], Taf. XV (Simpson, *ANOC* 36).
c. stela. Hermitage 1074. Bolshakov-Quirke, *Hermitage*, no 5.

Literature: see Franke, *Doss*., nos 8, 233 and 602.

Dating: 13th Dynasty

Dossier no 222	*ḥpjj*
Mother: *ddw-nšmt*	Father:
Titles:	Husband:

a. stela. Cairo, CG 20056. Lange-Schäfer, *CCG* I, 65-66 (Simpson, *ANOC* 15).
b. stela. Cairo, CG 20679. Lange-Schäfer, *CCG* II, 306-307 (Simpson, *ANOC* 15)

Literature: see Franke, *Doss*., no 751.

Dating: early 13th Dynasty

Dossier no 223	*ḥpjj*
Mother: *kkj* (b)	Father:
Titles: *nbt-pr*	Husband:

a. stela. Cairo, CG 20296. Lange-Schäfer, *CCG* I, 309-310.
b. stela. Cairo, CG 20132. Lange-Schäfer, *CCG* I, 155-156.

Literature: see Franke, *Doss.*, no 566.

Dating: 12th Dynasty / Senusert III

Dossier no 224	*ḥpjjw*
Mother:	Father:
Titles: *nbt-pr*	Husband: *sbk-ḥtp*

a. stela. Habachi, *Heqaib*, no 44.
b. stela. Aswan 1307. Habachi, *Heqaib*, no 46.

[She is the mother of the high steward *nb-ꜥnḫ*]

Literature: see Franke, *Doss.*, no 294

Dating: 13th Dynasty / Neferhotep I – Sebekhotep IV

Dossier no 225	*ḥpjjw*
Mother:	Father: *wḥmw jb-jꜥw*
Titles:	Husband:

a. stela. Cairo CG 20429. Lange-Schäfer, *CCG* II, 25-26.
b. stela. Cairo CG 20430. Lange-Schäfer, *CCG* II, 26-27.

Literature: see Franke, *Doss.*, no 180.

Dating: late 13th Dynasty

Dossier no 226	*ḥmt*
Mother:	Father:
Titles:	Husband: *jmn-m-ḥꜣt* (a)

a. stela. Cairo, CG 20359. Lange-Schäfer, *CCG* I, 207-208.
b. Sotheby's Antiquities. 11 July 1988. no 50.
c. Chicago Art Institute 1920.262. Teeter, *Art Institute of Chicago Museum Studies* 20, 1994, 19, fig. 3.

Literature: Ilin-Tomich, *BiOr* 71/1-2, 2014, 142.

Dating: Early 12th Dynasty

Dossier no 227	*ḥnw*
Mother:	Father:
Titles:	Husband:

a. stela, Leiden AP.25. Boeser, *Leiden* II, 11[43], Taf. XXXIII (Simpson, *ANOC* 38).
b. stela, Leiden AP.34. Boeser, *Leiden* II, 11[44], Taf. XXXII (Simpson, *ANOC* 38).

Literature: see Franke, *Doss.*, no 316.

Dating: mid 13th Dynasty

Dossier no 228	*ḥnwt*
Mother:	Father:
Titles:	Husband:

a. stela. Cairo, CG 20102. Lange-Schäfer, *CCG* I, 123-125.
b. stela. Cambridge, Fitzwilliam Museum E.59.1926. Martin, *Stelae*, 52–53.

Literature: Ilin-Tomich, *BiOr* 71/1-2, 2014, 143.

Dating: Early 13th Dynasty

Dossier no 229	*ḥnwt*
Mother:	Father:
Titles:	Husband:

a. stela. Cairo, CG 20286. Lange-Schäfer, *CCG* I, 301-302.
b. stela. Cairo, CG 20716. Lange-Schäfer, *CCG* II, 343-344.

Literature: see Franke, *Doss.*, no 735.

Dating: mid 13th Dynasty

Dossier no 230	*ḥnwt*
Mother:	Father:
Titles:	Husband:

a. statuette. Turin 3045. Maspero, *RT* 3, 1882, 117.
b. stela. Turin 1545. Maspero, *RT* 3, 1882, 117.

Literature: see Franke, *Doss.*, no 493; Stefanović, *Regular Military Titles*, no 877.

Dating: late 12th Dynasty

Dossier no 231	*ḥnwt*
Mother:	Father:
Titles:	Husband:

a. stela. Cairo, CG 20016. Lange-Schäfer, *CCG* I, 15-16 (Simpson, *ANOC* 11).
b. stela. Cairo, CG 20017. Lange-Schäfer, *CCG* I, 16-17 (Simpson, *ANOC* 11).

Literature:

Dating: 12th Dynasty

Dossier no 232	*ḥnwt*
Mother:	Father:
Titles: *nbt-pr*	Husband:

a. statue. Cairo, CG 480. Borchardt, *Statuen und Statuetten* II, 20.
b. stela. Copenhagen ÆIN 1539. Koefoed-Petersen, *Stele eg. Kopenhague*, 10-12, pl. 11a-b

[She is the mother of the treasurer *ḫntj-ẖtjj-m-zꜣw.f*]

Literature: see Franke, *Doss*., no 472.

Dating: late 12th / early 13th Dynasty

Dossier no 233	*ḥnwt-jb*
Mother:	Father:
Titles: *nbt-pr*	Husband: ?

a. stela. Cairo CG 20404. Lange-Schäfer, *CCG* II, 6
b. offering table. Alliot, *Tell Edfou*, 38 [3], pl. XIII/1

Literature: see Franke, *Doss.*, no 63.

Dating: early 13th Dynasty

Dossier no 234	*ḥnwt-pw*
Mother: *nbt-pr ////* (b)	Father: *ḫtmtj-bjtj ḥm-nṯr n jmn ////* (b)
Titles: *nbt-pr*	Husband: *rpꜥ ḥꜣtj-ꜥ ḫtmtj-bjtj mr njwt ṯꜣtj* [*zꜣ-mnt*] ?

a. statue. Cairo CG 42035 (JE 37513). Verbovsek, *Private Tempelstatuen*, doc. K 21.
b. statue. Cairo CG 42034 (JE 36646). Verbovsek, *Private Tempelstatuen*, doc. K 31.

[*ḥnwt-pw* was also the mother of the vizier *ꜥnḫw*]

Literature: see Franke, *Doss.*, no 173; Grajetzki, *Court Offcialas*, 165.

Dating: 13th Dynasty / Sobekhotep II - Khendjer

Dossier no 235	*ḥnwt-pw*
Mother: *ḥnwt-sn*	Father: *ḫtmtj-bjtj zḥ3w ꜥn nswt n ḫft-ḥr z-n-wsrt-ꜥnḫ*
Titles:	Husband:
a. inscription. *DeM* 23/156 (= Petrie, *Season*, no 114). b. inscription. *DeM* 13/55 (= Petrie, *Season*, no 87). c. inscription. *DeM* 13/51 (= Petrie, *Season*, no 86).	
Literature:	
Dating: late 12th Dynasty	

Dossier no 236	*ḥnwt-sn*
Mother:	Father:
Titles:	Husband:
a. stela. Cairo CG 20064. Lange-Schäfer, *CCG* I, 54-55 (Simpson, *ANOC* 33). b. stela. Florence 2504. Bosticco, *Stele*, no 23 (Simpson, *ANOC* 33). c. stela. Paris, Louvre C313. Guichard, *RdE* 58, 2007, 222, pl. IVB.	
Literature: Franke, *Doss.*, no 143 (a-b); Stefanović, in: *Art and Society*, 193-194; Grajetzki-Stefanović, *Dossiers*, no 316.	
Dating: 12th Dynasty / Amenemhat III	

Dossier no 237	*ḥnwt-sn*
Mother: *tj* (e)	Father:
Titles: *nbt-pr*	Husband: *mr njwt ṯ3tj*

a. inscription. Petrie, *Season*, no 114.
b. inscription. Petrie, *Season*, no 86.
c. inscription. Petrie, *Season*, no 87.
d. inscription. *DeM*, 74/56.
e. stela. Florence 2579. Bosticco, *Stele*, no 39
f. statue. Louvre AO 17223. Montet, *Syria* 15, 1934, 132 (Kubisch, *Lebensbilder*, pl. 12a)

Literature: see Franke, *Doss.*, nos 501-503; Grajetzki, *Beamte*, I/17, 21; Grajetzki, *Court Officials*, 165.

Dating: late 12th Dynasty ?

Dossier no 238	*ḥnnj*
Mother:	Father:
Titles: *nbt-pr*	Husband: *ppj* (b)

a. stela. Cairo CG 20140. Lange-Schäfer, *CCG* I, 165-166.
b. stela. Paris, Louvre C33. Gayet, *Stèles de la XIIe dynastie*, pl. LVIII (Simpson, *ANOC* 1)
c. stela, Paris, Louvre C5. Gayet, *Stèles de la XIIe dynastie*, pl. VIII-IX (Simpson, *ANOC* 1)

Literature: see Franke, *Doss.*, no 235.

Dating: 12th Dynasty / Amenemhet III

Dossier no 239	*ḥnnw*
Mother:	Father:
Titles: *nbt-pr* (a)	Husband: *mr pr ḥtp.wj* (a)

a. stela. Cairo, CG 20580. Lange-Schäfer, *CCG* II, 219-220.
b. fragment of a false-door. London, UC 14499. Stewart, *Egyptian Stelae* II, no 145.

Literature: see Franke, *Doss.*, no 195.

Dating: late 12th Dynasty

Dossier no 240	*ḥnnt*
Mother:	Father:
Titles:	Husband:

a. stela. Cairo, CG 20238. Lange-Schäfer, *CCG* I, 259-260.
b. stela. Cairo, CG 20409. Lange-Schäfer, *CCG* I, 9-10.

Literature: Ilin-Tomich, *BiOr* 71/1-2, 2014, 143.

Dating: late 12th Dynasty

Dossier no 241	*ḥrj*
Mother:	Father:
Titles:	Husband:

a. stela. Leiden AP.36. Boeser, *Leiden* II, pl. 37.
b. offering table. Cairo, CG 23065. Kamal, *Tables d'offrandes*, 55-56.

Literature: see Franke, *Doss.,*nos 159 and 710.

Dating: 13th Dynasty

Dossier no 242	*ḥr-m-ḥb*
Mother:	Father:
Titles:	Husband:

a. stela. London, Soane Museum M 448. Grajetzki, *RdÉ* 54, 2003, 270-273.
b. statue fragment. Bristol H2371. Grajetzki, *RdÉ*54, 2003, 271-273.
c. stela. Cairo, CG 20280. Lange-Schäfer, *CCG* I, 294-295.

[She is the mother of the high steward *snʿʿ-jb*]

Literature: see Franke, *Doss.*, no 607; Grajetzki, *Beamte*, III/57.

Dating: mid 13th Dynasty

Dossier no 243 *ḥr-m-ḥb*

Mother:

Father:

Titles: *nbt-pr*

Husband: *jmj-ḫt z3w pr jww*

a. stela. Museum of the Faculty of Letters. Kyoto University 36. Franke, *MDAIK* 57, 2001, 31-32.
b. stela. Aswan 1318. Habachi, *Heqaib*, no 104; K 8130. Franke, *MDAIK* 57, 2001, 25-30.

Literature: Franke, *MDAIK* 57, 2001, 30-32; Grajetzki-Stefanović, *Dossiers*, no 14.

Dating: 13th Dynasty

Dossier no 244 *ḥr-ms*

Mother: *nbt-pr snt nswt jwj*

Father: *ḥ3tj-ʿ n ḏb3 jpw*

Titles: *nbt-pr*

Husband: *ḫrj-ḥbt tpj n ḥr bḥdtj z3-nswt ʿḳw*

a. stela. Cairo JE 46200. Daressy, *ASAE* 17, 1917, 237-239 (Kubisch, *Lebensbilder*, doc. Edfu 20)
b. offering table. Daressy, *ASAE* 17, 1917, 239.

Literature: see Franke, *Doss.*, no 48.

Dating: late 17th Dynasty

Dossier no 245	*ḥtp*
Mother:	Father:
Titles:	Husband: *wr-b3w.s*

a. rock inscription. Hintze-Reineke, *FSN* I, no 447.
b. rock inscription. Hintze-Reineke, *FSN* I, no 474.

Literature: Grajetzki-Stefanović, *Dossiers*, no 164.

Dating: late 12th/13th Dynasty

Dossier no 246	*ḥtp*
Mother: *snb.tj.sj*	Father: *mr w ʿnk.f*
Titles:	Husband:

a. graffito. Petrie, *Season*, no 74
b. graffito. Petrie, *Season*, no 106

Literature:

Dating: 13th Dynasty

Dossier no 247	*ḥtp*
Mother:	Father:
Titles: *nbt-pr*	Husband:
a. stela. Cairo, CG 20122. Lange-Schäfer, *CCG* I, 144-145. b. stela. Cairo, CG 20217. Lange-Schäfer, *CCG* I, 239-240.	
Literature: see Franke, *Doss.*, nos 483 and 691.	
Dating: 13th Dynasty	

Dossier no 248	*ḥtp*
Mother: *ttj* (a)	Father:
Titles:	Husband: *sbm-m-s3.f* (a)
a. stela. Cairo CG 20263. Lange-Schäfer, *CCG* I, (Simpson, *ANOC* 30). b. stela. Cairo CG 20751. Lange-Schäfer, CCG II, (Simpson, *ANOC* 30). [uncertain]	
Literature:	
Dating: 12th Dynasty / Senusert I	

Dossier no 249	*ḥtp-ḥtḥr*
Mother: *ꜥḫj*	Father:
Titles: *nbt-pr*	Husband:

a. stela. Cairo, CG 20122. Lange-Schäfer, *CCG* I, 144-145.
b. stela. Cairo, CG 20217. Lange-Schäfer, *CCG* I, 239-240.

Literature:

Dating: 13th Dynasty

Dossier no 250	*ḥtpj*
Mother:	Father:
Titles:	Husband:

a. stela. Vienna, KHM ÄS 105, Hein – Satzinger, *Stelen des Mitleren Reiches* I, 18-22.
b. stela. Vienna, KHM ÄS 156; Hein –Satzinger, *Stelen des Mitleren Reiches* I, 84-91.
c. stela. Vienna, KHM ÄS 136; Hein –Satzinger, *Stelen des Mitleren Reiches* I, 48-54.

Literature: see Franke, *Doss.,* no 620

Dating: 13th Dynasty

Dossier no 251	*ḥtpj*
Mother:	Father:
Titles:	Husband:

a. stela. Cairo, CG 20550. Lange-Schäfer, *CCG* II, 179-181.
b. stela. Florence 2521. Bosticco, *Stele*, no 33.

Literature: see Franke, *Doss.*, no 556.

Dating: late 12th / early 13th Dynasty

Dossier no 252	*ḥtpwj*
Mother:	Father:
Titles: *nbt-pr*	Husband: *mr pr mr st w3ḥ-k3*

a. stela. Cairo CG 20431. Lange-Schäfer, *CCG* II, 28-29.
b. stela. Cairo CG 20549. Lange-Schäfer, *CCG* I, 177-179.
c. stela. Berlin 21822. Steckeweh, *Die Fürstengräber von Qâw*, 53, Taf. 8

Literature: see Franke, *Doss.*, nos 197 and 202.

Dating: late 12th / early 13th Dynasty

Dossier no 253	*ḥtpwj*
Mother: *ꜣḫs* (a)	Father:
Titles: *nbt-pr*	Husband: *šmsw wꜣḥ-kꜣ-m-wsḫt* (b)

a. stela. Cairo CG 20431. Lange-Schäfer, *CCG* II, 28-29.
b. stela. Cairo CG 20549. Lange-Schäfer, *CCG* I, 177-179.

Literature: see Franke, *Doss.*, no 197.

Dating: late 12th / early 13th Dynasty

Dossier no 254	*ḥtpw-ḥtḥr*
Mother: *zꜣt-ḥtp*	Father: *zẖꜣw mḏꜣt ḥb ḫw-jḳr*
Titles:	Husband:

a. stela. Cairo, CG 20238. Lange-Schäfer, CCG I, 259-260.
b. stela. Cairo, CG 20409. Lange-Schäfer, CCG I, 9-10.

Literature: Ilin-Tomich, *BiOr* 71/1-2, 2014, 143.

Dating: late 12th Dynasty

Dossier no 255	*ḥtpt*
Mother: *ḥtpt* (a)	Father:
Titles: *nbt-pr*	Husband: *rḫ nswt, mr pr wr, mr šmꜥw, mr tꜣ-mḥw, mr ꜥb wḥm šwt nšmwt ḫpr-kꜣ-rꜥ*

a. stela. Leiden AP.64. Boeser, *Leiden* II, 3-4 [6], Taf. V (Simpson, *ANOC* 23).
b. stela. Paris, Guimet 11324. Simpson, *ANOC* 23, pl. 35

Literature: see Franke, *Doss.*, no 457.

Dating: 12th Dynasty / Amenemhat II

Dossier no 256	*ḥtpt*
Mother:	Father:
Titles: *nbt-pr*	Husband: *zḫꜣw ḳdwt snfr*

a. stela. Cairo, CG 20128. Lange-Schäfer, *CCG* I, 131-132.
b. stela. Cairo, CG 20715. Lange-Schäfer, *CCG* II, 341-342.

Literature: see Franke, *Doss.*, nos 154 and 680.

Dating: 13th Dynasty

Dossier no 257	*ḥḏnw*
Mother:	Father:
Titles:	Husband:

a. stela. London, BM EA 791, *HTBM* III, pl. 42.
b. graffito. *DeM* 38/163 (= Petrie, *Season*, no 264).

Literature: Ilin-Tomich, *BiOr* 71/1-2, 2014, 143.

Dating: 13th Dynasty

Dossier no 258	*ẖwj*
Mother:	Father:
Titles:	Husband: *z3b r nḫn ꜥn*

a. stela. New York, MMA 69.30. Fischer, *Egyptian Studies* III, 123-129, pl. 21.
b. the lower part of a statue. New York, MMA 1976.383. Fischer, *Egyptian Studies* III, 127-8 pl. 24 fig. 2.

Literature: Fischer, *Egyptian Studies* III, 127; Grajetzki-Stefanović, *Dossiers*, no 2.

Dating: 13th Dynasty

Dossier no 259	*ḫwj-ꜥnḫ*
Mother:	Father:
Titles: *nbt-pr*	Husband:
a. stela. London, BM EA 1747 [unpublished] b. stela. Cairo, CG 20372. Lange-Schäfer, *CCG* I, 374.	
Literature:	
Dating: late 13th Dynasty	

Dossier no 260	*ḫwj.sj-nbw*
Mother:	Father:
Titles:	Husband:
a. stela. Cairo, CG 20464. Lange-Schäfer, *CCG* II, 62. b. scarab-seal. Martin, *Seals*, 1195. [uncertain]	
Literature:	
Dating: 13th Dynasty	

Dossier no 261	*ḫmtt*
Mother:	Father:
Titles:	Husband:

a. stela. Cairo, CG 20426. Lange-Schäfer, *CGC* II, 21-22.
b. stela. Washington, Smithsonian Museum. Peet, *Cem. Abydos II*, pl. 14/2, p. 36.

Literature: Franke, *Doss.,* no 514; Stefanović, *Military Titles*, no 297.

Dating: 13th Dynasty

Dossier no 262	*ḫmt-n-sn*
Mother: *rn-snb*	Father:
Titles:	Husband: *mr pr ḥsb k3w jw-snb*

a. inscription. Žaba, *RILN*, no 155.
b. inscription. Žaba, *RILN*, no 157.

Literature: see Franke, *Doss.*, no 32

Dating: 12th Dynasty ?

Dossier no 263	*ẖnsw*
Mother:	Father:
Titles: *ẖkrt-nswt*	Husband: *rḫ nswt snb-n.j*

a. canopic chests. Moscow 5358 & 5359. Berlev, *JEA* 60, 1974, 106-113 pl. XIII.
b. coffin, Cairo. CG 28028. Lacau, *Sarcophages*, 69-71.

Literature: Franke, *Doss.*, 655; Grajetzki, *Beamte*, 180 (XI.6); Stefanović, *Feminine Titles*, XI/84.

Dating: 13th Dynasty

Dossier no 264	*ẖnsw-jꜥ.f-jb / ẖnsw*
Mother: *nbt-pr nḥjj ?*	Father: *ḫtmtj-bjtj, ẖrp wsḫt, ꜣṯw n ṯt ḥḳꜣ rn-snb*
Titles: *nbt-pr*	Husband:

a. stela. Copenhagen, Ny Carlsberg Glyptotek, ÆIN 964; Koefoed-Petersen, *Stele eg. Kopenhague*, no 16 (Jørgensen, *Catalogue Egypt I (3000-15500 B.C.)*, 190-191, no 79; Simspon, *ANOC* 59)
b. stela. New York, MMA 63.154; Fischer, *Egyptian Studies III*, 130-133, pl. 25 (Simspon, *ANOC* 59).

Literature:

Dating: 13th Dynasty / Sebekhotep II

Dossier no 265	*ḫntt-b3w / z3t-ḫntt-b3w*
Mother:	Father:
Titles: *nbt-pr*	Husband:

a. stela. Paris, Louvre C169. Unpublished.
b. offering table. Cairo JE 91220. Simpson, *Inscribed Material*, C15. fing. 72.

Literature:

Dating: 13th Dynasty / Sebekhotep II

Dossier no 266	*ḫrt-jb*
Mother: *tt*	Father:
Titles: *nbt-pr*	Husband: *s n ḥʿw ʿ3 sbk-ḥtp*

a. stela. Lieblien, *Dict.* no 1904.
b. stela. Paris, Louvre C29. Lieblien, *Dict.* no 388 [archieves photo E.908]

Literature: see Franke, *Doss.*, no 29.

Dating: 13th Dynasty

Dossier no 267	*ḫrt-jb*
Mother: *nbt-pr ḫrt-jb*	Father: *s n ḥʿw ʿ3 sbk-ḥtp*
Titles:	Husband:

a. stela. Lieblien, *Dict.* no 1904.
b. stela. Paris Louvre C29. Lieblien, *Dict.* no 388 [archieves photo E.908]

Literature: see Franke, *Doss.*, no 29.

Dating: 13th Dynasty

Dossier no 268	*ẖbw-n-n.s*
Mother:	Father:
Titles:	Husband:

a. inscription. Žaba, *RILN*, no 155.
b. inscription. Žaba, *RILN*, no 157.

Literature: see Franke, *Doss.*, no 32

Dating: 12th Dynasty ?

Dossier no 269	*ẖnmw-ˁ3*
Mother:	Father:
Titles: *nbt-pr*	Husband: *ẖnmw-nḫt*

a. coffin. Petrie, *Gizeh and Rifeh*, pl. XIIIG.
b. stela. Cairo, CG 20092. Lange-Schäfer, *CCG* I, 112-113..

Literature: Grajetzki-Stefanović, *Dossiers*, no 159.

Dating: late 12th Dynasty

Dossier no 270	*ẖnmw-ḥtp*
Mother:	Father:
Titles: *nbt-pr*	Husband: *jḳr-wr*

a. stela. London, BM EA 129. *HTBM* II, pl. 41-43.
b. stela. London, BM EA 131. *HTBM* I, pl. 56

Literature: see Franke, *Doss.*, nos 158 and 226.

Dating: 13th Dynasty

Dossier no 271	*ẖnmw-ḥtp*
Mother: *jmw*	Father:
Titles: *nbt-pr*	Husband: *rpꜥ ḥꜣtj-ꜥ ḫtmtj-bjtj smr wꜥtj mr ḥm nṯr ḥtḥr wḫ-ḥtp*

a. statue. Boston MFA 1973.87. *Ancient Egypt Transformed. Middle Kingdom*, no 123.
b. statue. Cairo, CG 459. Borchardt, *Statuen und Statuetten* II, 51-52.
c. tomb inscription. Meir C1. Blackman, *Meir* VI, pls. XIII, XVI, XIX.

Literature: see Franke, *Doss.*, no 216.

Dating: 12th Dynasty / Senusert II – Senusert III

Dossier no 272	*zꜣt-ꜣst / jw.f-snb*
Mother: *js-n-pr.s*	Father: *rḫ nswt zꜣ-mrj.s*
Titles:	Husband:

a. stela. London, BM EA 561. *HTBM* II, pl. 25 (Simpson, *ANOC* 41)
b. stela. Leiden AP.65. Boeser, *Leiden* II, 5 [10]. Taf. IX.

Literature:

Dating: mid 12th Dynasty

Dossier no 273	*z3t-j3wt*
Mother:	Father:
Titles: *nbt-pr*	Husband: *ṯ3w n z3tw ꜥnḫ-rn*

a. stela, Geneve D 48. Wiedemann – Pörtner, *AG* III, Tf 2[2].
b. stela. Cairo CG 20720. Lange-Schäfer, *CCG* II, 347-348.

Literature: see Franke, *Doss.*, nos 37 and 188

Dating: late 13th Dynasty

Dossier no 274	*z3t-jpj*
Mother:	Father:
Titles: *nbt-pr*	Husband:

a. stela. Cairo, CG 20102. Lange-Schäfer, *CCG* I, 123-125.
b. stela. London, BM EA 1290. *HTBM* IV, pl. 16.
c. inscription. Hintze-Reineke, *FSN*, no 499 (= RIK 116).

[She is the mother of the vizier *z3-mnṯw / rsw-snb*]

Literature: see Franke, *Doss.*, no 526; Grajetzki, *Beamte*, I/15.

Dating: late 12th Dynasty

Dossier no 275	*z3t-jjj*
Mother: *pwjw*	Father:
Titles: *nbt-pr*	Husband: *mr ḥwt-nṯr ḥnnw*

a. stela. Tübingen 461. Brunner-Traut – Brunner, *Sammlung der Universität Tübingen*, 91-92, Tf. 59.
b. stela. Tübingen 465. Brunner-Traut – Brunner, *Sammlung der Universität Tübingen*, 90-91, Tf. 58.
c. stela. Helsinki NM 9176. Holthoer, *Studia Orientalia* 37/1, 1967, 3-14.

Literature: see Franke, *Doss.* no 18

Dating: 13th Dynasty

Dossier no 276	*z3t-jp*
Mother:	Father:
Titles:	Husband: *?*

a. stela. Stockholm NME 17. Andreu, *BIFAO* 80, 1980, 140-143.
b. stela. Leiden AP.23. Boeser, *Leiden* II, 9[30], Taf. XIII.

Literature: Franke, *Doss.*, nos 596 and 772.

Dating: late 12th Dynasty

Dossier no 277	*z3t-jmn*
Mother:	Father:
Titles:	Husband:

a. stela. Cairo CG 20724. Lange-Schäfer, *CCG* II, 353-353.
b. stela. Wien KHM ÄS 5897. Hein - Satzinger, *Stelen des Mittleren Reiches* II, 153-157.

Literature:

Dating: mid 13th Dynasty

Dossier no 278	*z3t-jmn*
Mother:	Father:
Titles: *nbt-pr*	Husband: *jrj-pḏt nfr-ḥtp* (a)

a. stela. Cairo, CG 20250. Lange-Schäfer, *CCG* I, 271.
a. stela. Wien ÄS 5897. Hein-Satzinger, *Stelen des Mittleren Reiches* II, 153–157.
a. stela. Cairo, CG 20724. Lange-Schäfer, *CCG* II, 333-335.

Literature: see Ilin-Tomich, *BiOr* 71/1-2, 2014, 142-143.

Dating: 13th Dynasty

Dossier no 279	*z3t-jmn*
Mother:	Father: *rḫ nswt, mr pr ḥsb rmṯ z-n-wsrt-snbw*
Titles:	Husband:

a. stela. London, BM EA 557. *HTBM* II, pl. 3 (Simspon, *ANOC* 26).
b. stela. London, BM EA 247. *HTBM* II, pl. 25 (Simspon, *ANOC* 26)
c. stela. Cairo CG 20558. Lange-Schäfer, *CCG* II, 189-190
d. stela. Paris, Guimet C5. Moret, *Stèles*, 9-11, pl. IV-5.

Literature: see Franke, *Doss*., no 506.

Dating: late 12th Dynasty / Amenehet III

Dossier no 280	*z3t-jmn*
Mother: *ḥnwt-sn*	Father: *mr njwt ṯ3tj z-n-wsrt-ʿnḫ*
Titles:	Husband:

a. stela. Florence 2579. Bosticco, *Stele*, no 39.
b. stela. Durham N.1936. Birch, *Catalogue*, 270-272, pl. V.
c. inscription. *DeM* 23/156 (= Petrie, *Season*, no 114).
d. statue. Louvre AO 17223. Montet, *Syria* 15, 1934, 132 (Kubisch, *Lebensbilder*, pl. 12a)

Literature:

Dating: late 12th Dynasty

Dossier no 281	*z3t-jmn*
Mother: *nbt-pr bbj*	Father:
Titles: *nbt-pr*	Husband: *jmj-ḫt s3w-prw*

a. stela. Rome, Vatican MG 22784 (= 279). Botti-Romanelli, *Museo Gregoriano Egizio*, no 132, tav. lxiv.
b. stela. Hermitage 1078. Bolshakov – Quirke, *Hermitage*, no 17.

Literature: see Franke, *Doss.,* no 303.

Dating: late 13th Dynasty

Dossier no 282	*z3t-jmnj*
Mother: *z3t-sbk* (a)	Father:
Titles:	Husband: *jnj-jt.f*

a. stela. Geneve D50. Wiedeman – Pörtner, *ÄG* III, Tf. 1[1] (Simpson, *ANOC* 1)
b. stela. Paris, Louvre C5. Simpson, *ANOC* 1.7.

Literature:

Dating: late 12th Dynasty / Senusert III – Amenemhet III

Dossier no 283	*z3t-jmnjj*
Mother:	Father:
Titles:	Husband:
a. statuette. Bareš, *ZÄS* 112, 1985, 87–94. b. statue. Cairo JE 72239. Zivie, *Giza*, 44 pl. I.	
Literature: see Bareš, *ZÄS* 112, 1985, 90; Ilin-Tomich, *BiOr* 71/1-2, 2014, 143.	
Dating: late 12th / early 13th Dynasty	

Dossier no 284	*z3t-jmnjj*
Mother:	Father:
Titles: *ḥrjt-pr*	Husband:
a. stela. Cairo, CG 20561. Lange-Schäfer, *CCG* II, 195-196 (Simpson, *ANOC* 4). b. stela. Paris, Louvre C167. Gayet, *Stèles de la XIIe dynastie*, pl. 55 (Simpson, *ANOC* 4).	
Literature:	
Dating: 12th Dynasty / Senusert I	

Dossier no 285	*z3t-jmnjj*
Mother:	Father:
Titles:	Husband:

a. stela. Cairo, CG 20542. Lange-Schäfer, *CCG* II, 163-164 (Simpson, *ANOC* 4).
b. stela. Paris, Louvre C167. Gayet, *Stèles de la XIIe dynastie*, pl. 55 (Simpson, *ANOC* 4).

[uncertain]

Literature:

Dating: 12th Dynasty / Senusert I

Dossier no 286	*z3t-jnj-jt.f*
Mother:	Father:
Titles: *nbt-pr*	Husband: *mr pr, jdnw n ḥ3tj-ʿ n ṯbw jbw*

a. stela. Cairo CG 20599. Lange-Schäfer, *CCG* II, 239-240.
b. stela. Cairo CG 20022. Lange-Schäfer, *CCG* I, 22-23.

Literature: see Franke, *Doss.*, nos 58 and 709.

Dating: late 12th / early 13th Dynasty

Dossier no 287	*z3t-jn-ḥrt*
Mother:	Father:
Titles:	Husband:

a. stela. Paris, Louvre C186. Unpublished.
b. offering table. Cairo CG 23057. Kamal, *Tables d'offrandes* I, 50-51.

Literature: see Franke, *Doss.*, no 348.

Dating: early 13th Dynasty

Dossier no 288	*z3t-ꜥnḫ.tj.sj*
Mother:	Father:
Titles:	Husband: *nmtw* (a)

a. stela. Cairo, CG 20077. Lange-Schäfer, *CCG* I, 93.
b. stela. Cairo, CG 20098. Lange-Schäfer, *CCG* I, 117-119.

Literature:

Dating: 13th Dynasty

Dossier no 289	*z3t-ˁnḫw*
Mother:	Father:
Titles:	Husband:

a. stela. Cairo CG 20140. Lange-Schäfer, *CCG* I, 165-166.
b. stela. Paris, Louvre C33. Gayet, *Stèles de la XIIe dynastie*, pl. LVIII (Simpson, *ANOC* 1)
c. stela. Paris, Louvre C5. Gayet, *Stèles de la XIIe dynastie*, pl. VIII-IX (Simpson, *ANOC* 1)

Literature: see Franke, *Doss.*, no 705.

Dating: 12th Dynasty / Amenemhet III

Dossier no 290	*z3t-wrt*
Mother: *ḫwjjt* (a)	Father:
Titles: *nbt-pr*	Husband: *mr ḫntjw snb*

a. stela. Cairo, CG 20296. Lange-Schäfer, *CCG* I, 309-310.
b. stela. Rio de Janeiro, Museu Nacional 627 [2419]. Kitchen, *Catalogue*, no 1.

Literature: see Franke, *Doss.*, no 489.

Dating: 12th Dynasty / Senusert III

Dossier no 291	*z3t-ppj*
Mother:	Father:
Titles:	Husband:

a. stela. Budapest 51.2144. Mahler, *BIFAO* 27, 1927, 43-48, pl. I/2.
b. fragment of a stela. Petrie - Weigall, *Abydos* I, pl. LX/3.

Literature: see Franke, *Doss.*, no 104.

Dating: late 12th Dynasty

Dossier no 292	*z3t-ppjj-jdw* (?)
Mother:	Father:
Titles:	Husband:

a. inscription. Petrie, *Season,* no 81 [uncertain].
b. stela. JE 91243, C5. Simpson, *Inscribed Material,* 36-39, fig. 61, pl. 7.

[She is the mother of the great steward *mkt-ʿnḫw*]

Literature: see Grajetzki, *Beamte*, 87 (III.14); Grajetzki-Stefanović, *Dossiers*, no 93.

Dating: 12th Dynasty / Amenemhat III

Dossier no 293	*z3t-ptḥ*
Mother: *nbt-pr ḥpj*	Father: *mr jḳdw n ptḥ-skr ppj*
Titles:	Husband:

a. stela. Leiden AP.38. Boeser, *Ledien* II, 6[13], Taf. XIV (Simpson, *ANOC* 36).
b. stela. Leiden AP.3. Boeser, *Ledien* II, 6[15], Taf. XV (Simpson, *ANOC* 36).
c. stela. Ermitage 1074. Bolshakov-Quirke, *Hermitage*, no 5.

Literature: see Franke, *Doss.*, no 233.

Dating: 13th Dynasty

Dossier no 294	*z3t-ptḥ*
Mother:	Father:
Titles: *nbt-pr*	Husband:

a. stela. London, BM EA 223. Franke-Marée, *British Museum Stelae*, 59-61.
b. stela. London, BM EA 504. Franke-Marée, *British Museum Stelae*, 70-73.

[uncertain]

Literature: see Franke-Marée, *British Museum Stelae*, 61.

Dating: late 13th Dynasty / Neferhotep I

Dossier no 295	*z3t-mnṯw*
Mother:	Father:
Titles:	Husband:

a. stela. Cairo, CG 20122. Lange-Schäfer, *CCG* I, 144-145.
b. stela. Cairo, CG 20217. Lange-Schäfer, *CCG* I, 239-240.

Literature: see Franke, *Doss.*, no 569.

Dating: 13th Dynasty

Dossier no 296	*z3t-mḥjjt*
Mother:	Father:
Titles:	Husband: *z3-jn-ḥrt* (a-b)

a. stela. Cairo CG 20566. Lange-Schäfer, *CCG* II, 202-203.
b. stela. Turin 1527. Maspero, *RT* 3, 1882, 120-121 (XI).
c. statue. Berlin 12484. *AIB* I, 149.

Literature: see Franke, *Doss.,* no 520.

Dating: late 12th Dynasty

Dossier no 297	*z3t-mrrjj*
Mother: *ḥtpjj*	Father:
Titles: *nbt-pr*	Husband:

a. naos. London, BM EA 569. *HTBM* II, pl. 19-20
b. statue. London, BM EA 570. *HTBM* II, pl. 20.
c. offering table. Cairo, CG 23096. Kamal, *Tables d'offrandes* I, 82-83.

Literature: see Franke, *Doss.,* no 535.

Dating: 12th Dynasty / Amenemhet II

Dossier no 298	*z3t-nb-zšnw*
Mother:	Father:
Titles: *nbt-pr*	Husband:

a. stela. Cairo, CG 20735. Lange-Schäfer, *CCG* II, 366-367.
b. stela, Rio 630 [2422]. Kitchen, *Catalogue*, no 6, pl. 11-12.

[She is the mother of the well attested high steward *rs*]

Literature: see Franke, *Doss*, no 395.

Dating: 13th Dynasty

Dossier no 299	*z3t-nfr*
Mother: *jbj*	Father:
Titles: *mnˁt*	Husband:
a. graffito. Petrie, *Season*, no 74. b. graffito. Petrie, *Season*, no 106.	
Literature: Stefanović, *Feminine Titles*, VIII/65.	
Dating: 13th Dynasty	

Dossier no 300	*z3t-nfrt-tm*
Mother	Father:
Titles:	Husband: *mr mšˁ ḥḳ3-jb*
a. stela and naos. Leiden AP.80. Boeser, *Leiden* II, Tf. VIII (Simpson, *ANOC* 35). b. statue. Habachi, *Heqaib*, no 49.	
Literature: see Stefanović, *Regular Military Titles*, no 1054; Grajetzki-Stefanović, *Dossiers*, no 208.	
Dating: 12th Dynasty / Senusert I – Amenemhat II	

Dossier no 301	*z3t-rꜥ*
Mother:	Father:
	Husband:

a. stela. Leiden AP.30, Boeser, *Leiden* II, pl. 29.
b. statue. Aswan 1348. Habachi, *Heqaib*, no 67.
c. fragment of the offering table. Arnold, *Pyramid of Senwosret* I, 97, fig. 43 (uncertain).

[She is the mother of the high steward *z3-nfrt*]

Literature: see Grajetzki-Stefanović, *Dossiers*, no 170.

Dating: 12th Dynasty / Senusret I – Amenemhat II

Dossier no 302	*z3t-ḥtḥr*
Mother:	Father:
Titles:	Husband:

a. statue. Cairo CG 409. Borchardt, *Statuen und Statuetten*, 20-21.
b. statue. Naples 983. *Collezione Egiziana di Napoli*, 42 (1.4).

[She is the mother of the high steward *nḫt*, the owner of the tomb 493 at Lisht]

Literature: see Grajetzki, *Beamte*, 82-83 (III.5); Grajetzki-Stefanović, *Dossiers*, no 111.

Dating: 12th Dynasty / Senusret I

Dossier no 303	*z3t-ḥtḥr*
Mother:	Father:
Titles:	Husband: *zẖ3w mḏ3t-nṯr jmn-ḥtp*

a. stela. Cairo CG 20292. Lange-Schäfer, *CCG* I, 305-307 (Simpson, *ANOC* 27).
b. stela. Cairo CG 20639. Lange-Schäfer, *CCG* II, 276 (Simpson, *ANOC* 27).

Literature: see Franke, *Doss.*, no 87.

Dating: late 12th / mid 13th Dynasty

Dossier no 304	*z3t-ḥtḥr*
Mother:	Father:
Titles:	Husband:

a. inscription. Wadi Abu Agag AG01. Rothe -Miller-Rapp, *Pharaonic inscriptions*, 384–385.
b. inscription . Wadi Abu Agag AG05. Rothe -Miller-Rapp, *Pharaonic inscriptions*, 390.
c. inscription. *DeM* 23/164 (Petrie, *Season*, no 121)

Literature: Ilin-Tomich, *BiOr* 71/1-2, 2014, 142.

Dating: 12th Dynasty - Amenemhet III

Dossier no 305	*z3t-ḥtḥr*
Mother:	Father:
Titles:	Husband:

a. statuette. Cairo JE 43094. Engelbach, *ASAE* 35, 1935, 203-205.
b. stela. Munich Gl. 99. Unpublished.

Literature: Ilin-Tomich, *BiOr* 71/1-2, 2014, 145.

Dating: late 12th / early 13th Dynasty

Dossier no 306	*z3t-ḥtḥr*
Mother:	Father:
Titles: *nbt-pr*	Husband:

a. slab. London, BM EA 1679. Satzinger –Stefanović, *Journal of Classical Studies Matica Srpska* 11, 2009, 27–34
b. slab. Los Angeles, M.71.73.42. Satzinger – Stefanović, *WZKM* 103, 2013, 337-345.

[uncertain]

Literature: Satzinger –Stefanović, *WZKM* 103, 2013, 341-343.

Dating: 13th Dynasty

Dossier no 307	*z3t-ḥtḥt*
Mother:	Father:
Titles: *b3kt nt ḥk3*	Husband:

a. clappers. London, BM EA 30866. Petrie - Mace, *Diospolis Parva*, pl. 27, p. 53.
b. clappers. Chicago, OIM E5518. Petrie - Mace, *Diospolis Parva*, pl. 27, p. 53.

Literature: see Stefanović, *Feminine Titles*,VII/24.

Dating: 13th Dynasty

Dossier no 308	*z3t-ḥtḥr*
Mother:	Father:
Titles:	Husband: *mr pr jn-jt.f*

a. stela. Cairo, CG 20542. Lange-Schäfer, *CCG* II, 163-164 (Simpson, *ANOC* 4).
b. stela. Cairo, CG 20561. Lange-Schäfer, *CCG* II, 195-196 (Simpson, *ANOC* 4).
c. stela. Paris, Louvre C167. Gayet, *Stèles de la XIIe dynastie*, pl. 55 (Simpson, *ANOC* 4).

Literature: see Franke, *Doss.*, no 133.

Dating: 12th Dynasty / Senusert I

Dossier no 309	*z3t-ḥtḥr*
Mother: *ḥḳt*	Father:
Titles:	Husband: *ḥr-bnr*

a. stela. Paris, Louvre C44. Unpublished.
b. stela. Avignon, Musée Calvet 26. Moret, *RT* 32, 1910, 152-153, pl. II/2.

Literature: see Franke, *Doss.*, nos. 168 and 435.

Dating: late 12th Dynasty

Dossier no 310	*z3t-ḥtḥr*
Mother: *jn.ṯn-sj* (a-b)	Father:
Titles: *nbt-pr*	Husband:

a. stela. Vienna, KHM ÄS 105. Hein – Satzinger, *Stelen des Mitleren Reiches,* I 18-22.
b. stela. Vienna, KHM ÄS 136. Hein –Satzinger, *Stelen des Mitleren Reiches* I, 48-54.
c. stela. Vienna, KHM ÄS 156. Hein –Satzinger, *Stelen des Mitleren Reiches* I, 84-91

Literature:

Dating: 13th Dynasty

Dossier no 311	*z3t-ḥtḥr*
Mother:	Father:
Titles:	Husband:

a. stela. Cairo, CG 20569. Lange-Schäfer, *CCG* II, 206-207.
b. offering table. Cairo, CG 23047. Kamal, *Tables d'offrandes*, 42-43.

Literature: see Franke, *Doss*., no 643.

Dating: 13th Dynasty

Dossier no 312	*z3t-ḥtḥr*
Mother: *nfrt*	Father:
Titles:	Husband: ?

a. stela. Paris, Louvre C22. Gayet, *Steles de la XIIe dyn*., pl. XII..
b. stela. Munich ÄS 41. Dyroff-Pörtner, *AG* II, Taf. VII, no 45.

Literature:

Dating: late 12th Dynasty

Dossier no 313	*z3t-ḥtḥr / mrt*
Mother: *js-n-pr.s*	Father: *rḫ nswt z3-mrj.s*
Titles:	Husband:

a. stela. London, BM EA 561. *HTBM* II, pl. 25 (Simpson, *ANOC* 41)
b. stela. Leiden AP.65. Boeser, *Leiden* II, 5 [10]. Taf. IX.

Literature:

Dating: mid 12th Dynasty

Dossier no 314	*z3t-ḥtḥr / snb-ḥnʿ.s*
Mother: *z3t-jpw* (b)	Father:
Titles: *nbt-pr*	Husband: *wr mḏw šmʿw z3-jmn*

a. inscription. *DeM* 12/41 (= Petrie, *Season*, no 137).
b. inscription. *DeM* 31/10.

Literature: see Franke, *Doss.*, no 512

Dating: late 12th Dynasty / Amenemhet III – Amenemhet IV

Dossier no 315	*z3t-ḥtḥt-m3t*
Mother: *nbt-pr ḥkkj-nj* (a) ?	Father: *mr pr jkj* (a) ?
Titles:	Husband:

a. stela. Cairo, CG 20051. Lange-Schäfer, *CCG* I, 60-62.
b. seals. Cairo, CG 20581. Lange-Schäfer, *CCG* II, 222-223.

Literature: Franke, *Doss.*, no 522.

Dating: late 12th / early 13th Dynasty

Dossier no 316	*z3t-ḥpjj / ppjj* (a)
Mother: *sn(.j)-ẖn* (b)	Father:
Titles:	Husband: *jmn-m-ḥ3t-snb / šdw* (b)

a. stela. Cairo, CG 20350. Lange-Schäfer, *CCG* I, 361-362.
b. stela. Hermitage 1081. Bolshakov – Quirke, *Hermitage*, no 18.

Literature: see Franke, *Doss.*, no 86.

Dating: late 12th / mid 13th Dynasty

Dossier no 317	*z3t-ḥtp*
Mother: *nbwt*	Father:
Titles: *nbt-pr*	Husband: *zẖ3w md3t ḥb ẖw-jḳr*

a. stela. Cairo, CG 20238. Lange-Schäfer, *CCG* I, 259-260.
b. stela. Cairo, CG 20409. Lange-Schäfer, *CCG* I, 9-10.

Literature: Ilin-Tomich, *BiOr* 71/1-2, 2014, 143.

Dating: late 12th Dynasty

Dossier no 318	*z3t-ẖnsw*
Mother:	Father:
Titles:	Husband:

a. stela. Berlin 1204. Simpson, *ANOC* 1, pl. 1
b. stela. Cairo, CG 20310. Lange-Schäfer, *CCG* I, 325-326 (Simpson, *ANOC* 1)
c. stela. Cairo, CG 20683. Lange-Schäfer, *CCG* II, 310-311 (Simpson, *ANOC* 1)
d. stela. London, BM EA 202. *HTBM* III, pl. 11.

[She is the mother of the treasurer *jj-ẖr-nfrt*]

Literature: see Franke, *Doss.*, no 27; Grajetzki, *Beamte*, II/12.

Dating: 12th Dynasty / Senusert III – Amenemhet III

Dossier no 319	*z3t-ḫntj-ẖtjj*
Mother: *z3t-ḥr-nḫt* (a)	Father:
Titles: *nbt-pr*	Husband:

a. slab. London, BM EA 1679. Satzinger –Stefanović, *Journal of Classical Studies Matica Srpska* 11, 2009, 27–34
b. slab. Los Angeles, M.71.73.42. Satzinger – Stefanović, *WZKM* 103, 2013, 337-345.

Literature: Satzinger –Stefanović, *WZKM* 103, 2013, 341-343.

Dating: 13th Dynasty

Dossier no 320	*z3t-ḫntj-ẖtjj*
Mother:	Father:
Titles:	Husband:

a. inscription. Gardiner, *IS* no 71.
b. inscription. Gardiner, *IS* no 72.

Literature: see Franke, *Doss.*, no 182

Dating: 12th Dynasty / Amenemhat II

Dossier no 321	*z3t-ḫntj-ẖtjj*
Mother: *sj* (a)	Father:
Titles:	Husband: *mr jḳdw ptḥ-ʿ3* (a)

a. stela. Cairo CG 20523. Lange-Schäfer, *CCG* II, 123-124.
b. stela. Cairo CG 20241. Lange-Schäfer, *CCG* I, 263.

Literature: see Franke, *Doss.*, no 210.

Dating: late 12th Dynasty

Dossier no 322	*z3t-ḫntj-ẖtjj*
Mother: *mnḫt* (a)	Father:
Titles:	Husband:

a. stela. Cairo, CG 20572. Lange-Schäfer, *CCG* II, 211-213.
b. stela. London BM EA 971. *HTBM* III, pl. 37.

Literature: see Franke, *Doss.*, no 345.

Dating: early 12th Dynasty

Dossier no 323	*z3t-ḫntj-ẖtjj*
Mother:	Father:
Titles:	Husband:

a. stela. Cairo, CG 20435. Lange-Schäfer, *CCG* II, 32-33.
b. stela. Uppsala 236. Lugn, *Denkmäler*, 23, Taf. XVII.

[She is the mother of the high steward *jmnjj-snb*]

Literature: see Franke, *Doss.,* no 128.

Dating: 13th Dynasty

Dossier no 324	*z3t-ẖnmw*
Mother:	Father:
Titles:	Husband: *jj-ḏs.f* (b)

a. stela. Lacock Abbey 50028. Satzinger-Stefanović, in: *From Illahun to Djeme*, 241-243.
b. stela. Marseille 227. Satzinger-Stefanović, in: *From Illahun to Djeme*, 243-244.

Literature: see Grajetzki-Stefanović, *Dossiers*, no 134.

Dating: 13th Dynasty

Dossier no 325	*z3t-ḫtjj-wr*
Mother: *z3t-ḫtjj-wr* (c)	Father:
Titles: *nbt-pr*	Husband: *ḫpr-k3-rʿ* (c)

a. stela. Basel III 5002. Simpson, *ANOC* 1.3.
b. stela. Geneve D50. Wiedeman – Pörtner, *ÄG* III, Tf. 1[1] (Simpson, *ANOC* 1)
c. stela. Paris, Louvre C5. Simpson, *ANOC* 1.7.

Literature: see Franke, *Doss*., no 551.

Dating: 12th Dynasty / Senusert III – Amenemhet III

Dossier no 326	*z3t-ḫrtj*
Mother:	Father:
Titles: *nbt-pr*	Husband:

a. stela. Turin 1628. Maspero, *RT* 3, 1882, 119 (IX) (Simpson, *ANOC* 55)
b. offering table. Paris, Louvre E11573. Simpson, *ANOC* 55.1

Literature: see Franke, *Doss*., nos. 97 and 600.

Dating: late 13th Dynasty

Dossier no 327	*z3t-sbk*
Mother:	Father:
Titles: *nbt-pr*	Husband: *mr ꜥẖnwtj ḫrp skw sbk-ḥtp*

a. inscription. *DeM* 90/84 bis
b. inscriptions. Müller-Wollermann –Vandekerckhove, *Elkab* VI, 220-224 (O167 and O169), II, pls. 165d, 166a.

Literature: see Franke, *Doss.,* no 591.

Dating: 13th Dynasty / Neferhotep I - Sebekhotep IV

Dossier no 328	*z3t-sḥtp-jb-rꜥ*
Mother	Father:
Titles:	Husband:

a. stela or rectangular slab. London, UC 14345. Stewart, *Egyptian Stelae* II, no 115, pl. 29 [1].
b. rectangular slab. Los Angeles, Country Museum of Art M.71.73.42. Satzinger – Stefanović, *WZKM* 103, 2013, 337-345.

Literature: Grajetzki-Stefanović, *Dossiers*, no 45.

Dating: late 12th / 13th Dynasty

Dossier no 329	*z3t-snb*
Mother:	Father:
Titles: *nbt-pr*	Husband:

a. stela. Cairo CG 20434. Lange-Schäfer, *CCG* II, 32-33.
b. stela. Cairo CG 20610. Lange-Schäfer, *CCG* II, 249-251.

Literature:

Dating: late 13th Dynasty

Dossier no 330	*z3t-sth̲*
Mother: *nbw-m-jwnt* (a)	Father:
Titles: *nbt-pr*	Husband:

a. stela. Vienna, KHM ÄS 136. Hein –Satzinger, *Stelen des Mitleren Reiches* I, 48-54.
b. stela. Vienna, KHM ÄS 156. Hein –Satzinger, *Stelen des Mitleren Reiches* I, 84-91

Literature:

Dating: 13th Dynasty

Dossier no 331	*z3t-š3bt*
Mother:	Father:
Titles:	Husband: *jt nṯr jnj-ḥrt jj-m-jʿt-jb*

a. stela. Burnley, Towneley Hall Art Gallery and Museums, Eg. 100. Leahy, *GM* 44, 1981, 23-28.
b. stela fragment. Vienna, in private collection

[uncertain]

Literature:

Dating: 13th / 17th Dynasty

Dossier no 332	*z3t-k3-jwnw*
Mother:	Father:
Titles: *wb3jt*	Husband:

a. stela. Copenhagen, Ny Carlsberg Glyptotek, ÆIN 964; Koefoed-Petersen, *Stele eg. Kopenhague*, no 16 (Jørgensen, *Catalogue Egypt I (3000-1550 B.C.)*, 190-191, no 79; Simspon, *ANOC* 59)
b. stela. New York, MMA 63.154; Fischer, *Egyptian Studies III*, 130-133, pl. 25 (Simspon, *ANOC* 59).

Literature: see Stefanović, *Feminine Titles*, VI/44.

Dating: 13th Dynasty

Dossier no 333	*zꜣt-tp-jḥw*
Mother: *kjj* (b) ?	Father:
Titles: *zꜣt ḥꜣtj-ꜥ*	Husband:

a. stela. Geneve D50. Wiedeman – Pörtner, *ÄG* III, Tf. 1[1] (Simpson, *ANOC* 1)
b. stela. Paris, Louvre C5. Simpson, *ANOC* 1.7.

Literature:

Dating: 12th Dynasty / Senusert III – Amenemhet III

Dossier no 334	*zꜣt-ṯnj*
Mother:	Father:
Titles:	Husband: *ḥḳꜣ-jb*

a. three statues and offering table. Aswan 1367, 1369, 1377, 1340. Habachi, *Heqaib*, nos. 21-27.
b. stela. Hermitage 1082. Bolshakov-Quirke, *Hermitage*, no 7.

Literature: see, Franke, *Doss.*, no 122; Grajetzki-Stefanović, *Dossiers*, no 48.

Dating: late 12th /early 13th Dynasty

Dossier no 335	*z3t-ṯnj*
Mother:	Father:
Titles: *nbt-pr* (b)	Husband:
a. statue. Aswan 1367. Habachi, *Heqaib*, no 21. b. statue. Aswan 1332. Habachi, *Heqaib*, no 23. c. statue. Aswan 1340. Habachi, *Heqaib*, no 26.	
Literature: see Franke, *Doss.*, no 122.	
Dating: 12th Dynasty / Amenemhet III	

Dossier no 336	*z3t-ṯnj*
Mother:	Father:
Titles:	Husband: *šmsw n ḥḳ3 rn-snb*
a. stela. Paris, Louvre C185. Gayet, *Steles de la XIIe dyn*, pl. 48 b. stela. Cairo CG 20323. Lange-Schäfer, *CCG* I, 336.	
Literature: see Stefanović, *Regular Military Titles*, no 623; Franke, *Doss.*, no 354.	
Dating: 12th Dynasty / Amenemhet II	

Dossier no 337	*z3t-ṯnj*
Mother:	Father:
Titles:	Husband:

a. offering table. London, BM EA 553, Habachi, *Heqaib*, no 107.
b. altar and a pedestal. Aswan 1312, 1117. Habachi, *Heqaib*, nos. 34-35.

Literature: see Stefanović, *Regular Military Titles*, no 1104; Grajetzki-Stefanović, *Dossiers*, no 50.

Dating: 13th Dynasty / Neferhotep I - Sebekhotep IV

Dossier no 338	*znt*
Mother:	Father:
Titles:	Husband:

a. inscription. Arkell, *JEA* 36, 1950, no 2, 25.
b. stela. Cairo, CG 20083. Lange-Schäfer, *CCG* I, 99.

Literature: see Franke, *Doss.*, no 136; Stefanović, *Regular Military Titles*, nos. 528 and 825; Grajetzki-Stefanović, *Dossiers*, no 61.

Dating: late 13th Dynasty

Dossier no 339	*znt*
Mother:	Father:
Titles: *nbr-pr*	Husband: *ˁnḫ n njwt ˁnḫw*

a. stela. Copenhagen, Ny Carlsberg Glyptotek, ÆIN 964; Koefoed-Petersen, *Stele eg. Kopenhague*, no 16 (Jørgensen, *Catalogue Egypt I (3000-15500 B.C.)*, 190-191, no 79; Simspon, *ANOC* 59)
b. stela. New York, MMA 63.154; Fischer, *Egyptian Studies III*, 130-133, pl. 25 (Simspon, *ANOC* 59).
c. stela. Cairo CG 20612. Lange-Schäfer, *CCG* II, 251-252 Simspon, *ANOC* 59)

Literature: Stefanović, *Regular Military Titles*, nos 58 and 862; Grajetzki-Stefanović, *Dossiers*, no 89.

Dating: 13th Dynasty / Sebekhotep II

Dossier no 340	*znt*
Mother:	Father:
Titles:	Wife:

a. stela. Vienna, KHM ÄS 9289. Hein – Satzinger, *Stelen des Mittleren* Reiches I, 177-179.
b. stela. Paris, Louvre C25. Gayet, *Stèles de la XIIe dynastie*, pl. 13.

Literature:

Dating: late 12th / early 13th Dynasty

Dossier no 341	*znt*
Mother:	Father:
Titles: *nbt-pr*	Husband:

a. stela. Vienna KHM ÄS 9289. Hein – Satzinger, *Stelen des Mittleren* Reiches I, 177-179.
b. stela. Paris, Louvre C25. Gayet, *Stèles de la XIIe dynastie*, pl. 13.

Literature:

Dating: late 12th / early 13th Dynasty

Dossier no 342	*znt*
Mother: *snw* (b)	Father:
Titles:	Husband: *z-n-wsrt* (b)

a. offering table. Cairo CG 23070. Kamal, *Tables d'offrandes* I, 59-60.
b. naos. Cairo CG 70063. Roeder, *Naos* I, 122-125.

[Her son, the steward *jwf* is also attested on the statue Swansea W.5291]

Literature: see Franke, *Doss.*, no 42.

Dating: early 13th Dynasty

Dossier no 343	*znt*
Mother:	Father:
Titles:	Husband: *sbk-wnw* (a)

a. stela. London, BM EA 572. *HTBM* II, pl. 22 (Simspon, *ANOC* 5).
b. stela. London, BM EA 562. *HTBM* II, pl. 24 (Simspon, *ANOC* 5).
c. stela. London, BM EA 581. *HTBM* II, pl. 23 (Simspon, *ANOC* 5).
d. statue. London, BM EA 461. *HTBM* II, pl. 24 (Simspon, *ANOC* 5).

Literature: see Franke, *Doss*., no 138.

Dating: 12th Dynasty / Senusert I

Dossier no 344	*znt*
Mother:	Father:
Titles: *nbt-pr*	Husband: *rsw* (c)

a. stela. Cairo, CG 20473. Lange-Schäfer, *CCG* II, 68-70 (Simspon, *ANOC* 29).
b. stela. Paris, Louvre C2. Gayet, *Steles*, pl. 2 (Simspon, *ANOC* 29).
c. stela. Paris, Louvre C34. Simspon, *ANOC* 29.2.

[She is the mother of the high steward *ḥrw*, one of the best attested officials under Senusert I].

Literature: see Franke, *Doss*, no 424.

Dating: 12th Dynasty / Senusert I

Dossier no 345	*znt-jt.s*
Mother:	Father:
Titles: *nbt-pr*	Husband:

a. stela. Cairo, CG 20016. Lange-Schäfer, *CCG* I, 15-16 (Simspon, *ANOC* 11).
b. stela. Cairo, CG 20017. Lange-Schäfer, *CCG* I, 16-17 (Simspon, *ANOC* 11).

Literature: see Franke, *Doss*, no 475.

Dating: 12th Dynasty

Dossier no 346	*sjsj*
Mother:	Father:
Titles: *nbt-pr*	Husband: *smsw h3jjt mnṯw-nḫt*

a. stela. Parma 177. Simpson, *ANOC* 67, pl. 83.
b. stela. Parma 178. Simpson, *ANOC* 67, pl. 83.
c. stela. Hannover, Kestner Museum 2931. Cramer, *ZÄS* 72, 1936, 87-88, no 6 (Simpson, *ANOC* 67).

Literature: see Franke, *Doss.*, nos 260 and 403.

Dating: 13th Dynasty

Dossier no 347	*sbk-nmtj*
Mother: *nbt-pr jjmw* (a)	Father:
Titles: *nbt-pr*	Husband: *ẖtmw n ṯ3tj z3-ḥtḥr*

a. stela. Hermitage 1063. Bolshakov-Quirke, *Hermitage*, no 21.
b. stela. Hermitage 1064. Bolshakov-Quirke, *Hermitage*, no 22.

Literature: see Franke, *Doss.,* no 537.

Dating: 13th Dynasty / Sebekhotep II

Dossier no 348	*sbk-rʿ*
Mother:	Father:
Titles:	Husband:

a. stela. New York, MMA 05.4.259. Gardiner, *IS,* no 170.
b. stela. Sadek, *Wadi el-Hudi*, no 17.

Literature: see Franke, *Doss.,* no 639; Stefanović, *Regular Military Titles*, no 731.

Dating: 12th Dynasty / Senusert III

Dossier no 349	*sbk-ḥtp*
Mother: *bb*	Father:
Titles:	Husband:

a. stela. Cairo, CG 20464. Lange-Schäfer, *CCG* II, 62.
b. stela. Hermitage 8729. Bolshakov – Quirke, *Hermitage*, no 10.

Literature: Bolshakov – Quirke, *Stelae*, 51.

Dating: 13th Dynasty

Dossier no 350	*sbk-t*
Mother:	Father:
Titles:	Husband:

a. stela. Cairo, CG 20235. Lange-Schäfer, *CCG* I, 255-256.
b. stela. Cairo, CG 20338. Lange-Schäfer, *CCG* II, 349-350.

Literature: Ilin-Tomich, *BiOr* 71/1-2, 2014, 142.

Dating: 12th Dynasty / Amenemhet III

Dossier no 351	*sfgt*
Mother: *z3t-ḥj* (b)	Father:
Titles: *nbt-pr*	Husband: *rḫ nswt, mr ḥsww wr-nb-kmwj*
a. stela. Cairo CG 20089. Lange-Schäfer, *CCG* I, 108-109. b. stela. Berlin 7286. *AIB* I, 191-192.	
Literature: see Franke, *Doss.*, nos 215 and 415.	
Dating: late 13th Dynasty	

Dossier no 352	*sn-ʿnḫ*
Mother:	Father:
Titles: *nbt-pr*	Husband:
a. stela. Toulouse 49.268. Ramond, *Musée Labit*, no 4, pl. IV. b. stela. Moscow I.1.a.5649. Hodjash – Berlev, *Pushkin Museum*, no 35.	
Literature:	
Dating: 13th Dynasty	

Dossier no 353	*snw-ꜥnḫ*
Mother:	Father:
Titles: *nbt-pr*	Husband: *wꜥb n ꜣbḏw, wꜥb ḥrj-sꜣ n ꜣbḏw jdj*
a. stela. Simpsom, *ANOC* 61.1. b. stela. Simpsom, *ANOC* 61.2.	
Literature: see Franke, *Doss.*, no 209.	
Dating: 13th Dynasty	

Dossier no 354	*snb*
Mother:	Father:
Titles:	Husband: *rn.f-snb*
a. inscription. Dunham-Janssen, *SCF* I, RIK 82 (= Hintze-Reineke, *FSN* I, no 456). b. inscription. Dunham-Janssen, *SCF* I, RIK 51.	
Literature: see Stefanović, *Regular Military Titles*, no 486; Franke, *Doss.*, no 19.	
Dating: 13th Dynasty	

Dossier no 355	*snb*
Mother:	Father:
Titles:	Husband: *ṯsw n zẖ3w ḳdwt sḥtp-jb*

a. stela. London, BM EA 242. Franke- Mareé, *British Museum Stelae*, 107-112.
b. stela. Cairo, CG 20039. Lange-Schäfer, *CCG* I, 48-49.
c. stela. Cairo, CG 20309. Lange-Schäfer, *CCG* I, 321-322.
d. stela. Habachi, *Heqaib*, no 47.

Literature: see Franke, *Doss.*, nos 45 and 687; Stefanović, in: *Art and Society*,186.

Dating: 13th Dynasty / Neferhotep I – Sebekhotep IV

Dossier no 356	*snb*
Mother:	Father: *smsw h3jjt snb* ?
Titles: *nbt-pr*	Husband:

a. stela. Cairo CG 20434. Lange-Schäfer, *CCG* II, 32-33.
b. stela. Cairo CG 20610. Lange-Schäfer, *CCG* II, 249-251.

Literature:

Dating: late 13th Dynasty

Dossier no 357	*snb-m-jw*
Mother:	Father:
Titles: *nbt-pr*	Husband: *šmsw rn-snb*

a. stela. Oxford 1110 (= Queen's College no 3). Smither - Dakin, *JEA* 25, 1939, 157-165 (Simpson, *ANOC* 64)
b. stela. Stuttgart 2 (= Tübingen 457); Spiegelberg-Pörtner, *AG* I, Taf. 2 (Simpson, *ANOC* 64).

Literature: see Stefanović, *Regular Military Titles*, no 628; Franke, *Doss.*, no 375.

Dating: 13th Dynasty

Dossier no 358	*snb-rn-snbw*
Mother:	Father:
Titles: *wb3jt*	Husband:

a. stela. Copenhagen, Ny Carlsberg Glyptotek, ÆIN 964. Koefoed-Petersen, *Stele eg. Kopenhague*, no 16 (Jørgensen, *Catalogue Egypt I (3000-1550 B.C.)*, 190-191, no 79; Simspon, *ANOC* 59)
b. stela. New York, MMA 63.154; Fischer, *Egyptian Studies III*, 130-133, pl. 25 (Simspon, *ANOC* 59).

Literature: see Stefanović, *Feminine Titles*, VI/48.

Dating: 13th Dynasty

Dossier no 359	*snb-dd.tw*
Mother:	Father:
Titles: *nbt-pr*	Husband:

a. stela. Cairo, JE 39754. Mareé, in: *The Second Intermediate Period*, 245 (k), pl. 63.
b. stela. Cairo, CG 20307. Lange-Schäfer, *CCG* I, 319.
c. stela. Liverpool, GM E.77. Amer, *GM* 171, 1999, 19-23.

Literature: Mareé, in: *The Second Intermediate Period*, 269-270; Grajetzki-Stefanović, *Dossiers*, no 226.

Dating: 13th Dynasty

Dossier no 360	*snb.tj.sj*
Mother:	Father:
Titles: *ẖkrt-nswt wˁtt*	Husband:

a. stela. Turin Suppl. 18124. Stefanović, *CdÉ* 88, 2013, 10-14.
b. stela, Tübinen 462. Brunner-Traut – Brunner, *Sammlung der Universität Tübinen*, 84-85, Taf. 54 (Simpson, *ANOC* 60).

Literature: see Franke, *Doss*, no 163; Grajetzki-Stefanović, *Dossiers*, no 36.

Dating: 13th Dynasty

Dossier no 361	*snb.tj.sj*
Mother:	Father:
Titles:	Husband: *mr w ꜥnk.f*

a. graffito. Petrie, *Season*, no 74.
b. graffito. Petrie, *Season*, no 106.

Literature: see Stefanović, *Military Titles*, no 700.

Dating: 13th Dynasty

Dossier no 362	*snb.tj.sj*
Mother:	Father: *wḥmw jb-jꜥw*
Titles:	Husband:

a. stela. Cairo CG 20428. Lange-Schäfer, *CCG* II, 25-26.
b. stela. Cairo CG 20429. Lange-Schäfer, *CCG* II, 26-27.

Literature:

Dating: late 13th Dynasty

Dossier no 363	*snb.tj.sj*
Mother: *k3.n.s*	Father:
Titles: *nbt-pr*	Husband: *zẖ3w n ẖrtjw-nṯr z3-pwnt*

a. stela. Cairo, CG 20749. Lange-Schäfer, *CCG* II, 383-384.
b. naos. Vienna, KHM ÄS 186. Hein – Satzinger, *Stelen des Mitleren Reiches,* I, 114-127

Literature: Franke, *Doss.* no 278.

Dating: mid 13th Dynasty

Dossier no 364	*snb.tj.sj*
Mother:	Father:
Titles:	Husband: *ḏ33jt* (b)

a. graffito. Hintze-Reineke, *FSN* I, no 444.
b. graffito. Hintze-Reineke, *FSN* I, no 490.

Literature: see Stefanović, *Military Titles*, no 54.

Dating: 13th Dynasty

Dossier no 365	*snb.tj.sj / smnt*
Mother:	Father:
Titles: *wꜥbt nt ḫnsw m wꜣst*	Husband: *zẖꜣw n tmꜣ ddw-jmn / rsw-snb* (a)

a. stela. Cairo CG 20056. Lange-Schäfer, *CCG* I, 66-68.
b. stela. Cairo CG 20240. Lange-Schäfer, *CCG* II, 262-263.

Literature: see Franke, *Doss.*, nos 321 and 399.

Dating: late 13th / 17th Dynasty

Dossier no 366	*snbt*
Mother:	Father:
Titles:	Husband: *jmnjj*

a. stela. Paris, Louvre C185. Gayet, *Steles de la XIIe dyn*, pl. 48
b. stela. Cairo CG 20323. Lange-Schäfer, *CCG* I, 336.

Literature: see Stefanović, *Regular Military Titles*, no 623; Franke, *Doss.,* no 354.

Dating: 12th Dynasty / Amenemhet II

Dossier no 367	*snn*
Mother:	Father:
Titles: *nbt-pr*	Husband: *ẖrj-ḥbt nfr-ḥtp*
a. stela. Cairo, JE 42201. Daressy, *ASAE* 17, 1917, 240 (III) b. offering table. Cairo, JE 46602. Daressy, *ASAE* 17, 1917, 241-242 (IV)	
Literature: see Franke, *Doss*, no 427.	
Dating: 17th Dynasty	

Dossier no 368	*srwẖt-jb*
Mother:	Father:
Titles: *nbt-pr*	Husband: *zẖ3w n ẖnrt wr jj-jb*
a. stela. Turin Suppl. 18124. Stefanović, *CdÉ* 88, 2013, 10-14. b. stela. Tübinen 462. Brunner-Traut – Brunner, *Sammlung der Universität Tübinen*, 84-85, Taf. 54 (Simpson, *ANOC* 60).	
Literature: Stefanović, *CdE* 88, 2013, 12	
Dating: 13th Dynasty	

Dossier no 369	*srwẖ-jb*
Mother: *nbt-pr js-nbw(-mnw-wn)* (a)	Father: *nbw-k3w-rʿ* (a) ?
Titles: *nbt-pr*	Husband: *wp-w3wt-ḥtp*

a. stela. Cairo, CG 20075. Lange-Schäfer, *CCG* I, 89-92.
b. stela. Cairo, CG 20459. Lange-Schäfer, *CCG* II, 58-59.
c. stela. Cairo, CG 20334. Lange-Schäfer, *CCG* I, 346-347.

[She is the mother of the high steward *snb-sw-m-ʿ.j*]

Literature: see Franke, *Doss.*, no 668 (a-b)

Dating: mid 13th Dynasty

Dossier no 370	*sḥtp-jb-rʿ / nḥjj*
Mother: *snb.tj.sj*	Father: *mr mšʿ wr jmnjj* (a)
Titles:	Husband: *mr njwt ṯ3tj jmnjj* (b)

a. stela. Copenhagen Aad.13. Mogensen, *Musée national de Copenhague*, 17-18, pl. XII [4] (Simpson, *ANOC* 2).
b. inscription. Petrie, *Season*, no 137.

Literature: see Franke, *Doss.*, nos 116, 101, 504 and 512; Grajetzki, *Court Offcialas*, 164-165.

Dating: 12th Dynasty / Amenemhet III – Amenemhet IV

Dossier no 371	*sḥḏrj(t)*
Mother:	Father:
Titles: *nbt pr*	Husband: *jdnw n mr pr wr nn-smḫ.tw.f* (a)

a. stela. Leiden, EG-ZM3008. Boeser, *Leiden* II, D.I.45
b. stela. London, BM EA 242. Franke- Mareé, *British Museum Stelae*,107-112.

Literature: Franke- Mareé, *British Museum Stelae*, 108.

Dating: early 13th Dynasty

Dossier no 372	*sḫmt-ḥtp*
Mother:	Father:
Titles:	Husband: *zẖ3w ḳdwt jw-snb*

a. stela. Cairo, CG 20184. Lange-Schäfer, *CCG* I, 213-214.
b. stela. Cairo, CG 20290. Lange-Schäfer, *CCG* I, 304.

Literature: see Franke, *Doss*., nos 36 and 521.

Dating: late 12th / early 13th Dynasty

Dossier no 373	*stjt-ḥtp*
Mother:	Father:
Titles: *nbt-pr*	Husband:

a. statue. Aswan 1368. Habachi, *Heqaib*, no 28.
b. statue. Aswan 1329. Habachi, *Heqaib*, no 29.
c. stela. Habachi, *Heqaib*, no 47.

Literature: see Grajetzki-Stefanović, *Dossiers*, no 149.

Dating: early 13th Dynasty

Dossier no 374	*stt-ḥtp*
Mother:	Father:
Titles: *nbt-pr*	Husband:

a. stela. Bologna KS1930. Bresciani, *Stele egiziane*, no 6.
b. statue. Habachi, *Heqaib*, no 60.

Literature: see Franke, *Doss.*, no 107.

Dating: 13th Dynasty

Dossier no 375	*k3.n.s*
Mother: *nbt-pr snb.tj.sj*	Father:
Titles: *nbt-pr*	Husband:

a. stela. Cairo, CG 20749. Lange-Schäfer, *CCG* II, 383-384.
b. naos. Vienna, KHM ÄS 186. Hein – Satzinger, *Stelen des Mitleren Reiches,* I, 114-127.

Literature:

Dating: mid 13th Dynasty

Dossier no 376	*k3.n.s*
Mother: *bnjt* (b)	Father:
Titles: *nbt-pr*	Husband:

a. stela. Cairo CG 20749. Lange-Schäfer, *CCG* II, 383-384.
b. naos. Vienna KHM ÄS 186. Hein – Satzinger, *Stelen des Mitleren Reiches,* I, 114-127.

Literature:

Dating: mid 13th Dynasty

Dossier no 377	*kꜣ.s-n.j*
Mother: *bnjt* (a)	Father:
Titles: *nbt-pr*	Husband: *nfr-jw / snbj*

a. stela. London, BM EA 224. Franke-Marée, *British Museum Stelae*, 62-65.
b. statue. Vienna, KHM ÄS 5915. Jaroš-Deckert, *Statuen*, 72-78.
c. offering table. Reggio Emilia, Museo Gaetano Chierici di Paletnologia. Quirke, *RdÉ* 51, 2000, 232

[uncertain]

Literature: Franke-Marée, *British Museum Stelae*, 65.

Dating: late 13th Dynasty / Sebekhotep IV

Dossier no 378	*kjj*
Mother:	Father:
Titles: *nbt-pr*	Husband: *rn.s-snb* (a)

a. stela. Marseille 223. Maspero, *RT* 13, 1890, 114.
b. stela. Vienna, KHM ÄS 182. Hein - Satzinger, *Stelen des Mittleren Reiches* I, 137-142.
c. stela. London BM EA 238. Franke – Marée, *Stelae*, 93-98 (Simpson, *ANOC* 54).
d. stela. Cambridge E.1.1840. Martin, *Stelae*, no 28.
e. stela. Turin 1620. Maspero, *RT* 3, 1882, 119 (X) (Simpson, *ANOC* 54)

[She is the mother of the king's acquaintance *ḫnms*]

Literature: see Franke, *Doss.*, no 460.

Dating: early 13th Dynasty / Neferhotep I

Dossier no 379	*kwms*
Mother:	Father:
Titles: *r-pꜥt ḫkrt-nswt*	Husband: *zẖꜣw n ḥtpw-nṯr wp-wꜣwt-jrj*

a. stela. London, BM EA 833 + Laval, Museé du Vieux Château, 4560. Clère, *JEA* 68, 1982, 69-75, pl. 6.
b. stela. Cairo, CG 20335. Lange-Schäfer, *CCG* I, 349.
c. stela. Paris, Louvre C287. Franke, *JEA* 71, 1985, 175-176, pl. 19.
d. stela fragment. Liverpool GM E.85.
e. stela fragment. Cairo, CG 20776. Lange-Schäfer, *CCG* II, 405-406.

Literature: Franke, *Doss*., nos 204 (a-c) and 712; Mareé, in: *The Second Intermediate Period*, 272-273; Grajetzki-Stefanović, *Dossiers*, no 70; Stefanović, *Feminine* Titles, XI/105.

Dating: 13th Dynasty / Rahotep and later

Dossier no 380	*kmw*
Mother:	Father:
Titles:	Husband:

a. stela. Cairo, CG 20431. Lange-Schäfer, *CCG* II, 28-29.
b. stela. Cairo, CG 20245. Lange-Schäfer, *CCG* I, 267-268.

Literature: see Franke, *Doss*., no 196.

Dating: mid 12th Dynasty

Dossier no 381	*kmmjjt*
Mother:	Father:
Titles:	Husband:
a. inscription. Petrie, *Season*, no 89. b. inscription. Petrie, *Season*, no 132.	
Literature: see Franke, *Doss.*, no 441.	
Dating: mid 13th Dynasty	

Dossier no 382	*kmtn*
Mother:	Father:
Titles:	Husband:
a. stela. Vienna, KHM ÄS 105. Hein – Satzinger, *Stelen des Mitleren Reiches,* I 18-22. b. stela. Vienna, KHM ÄS 136. Hein –Satzinger, *Stelen des Mitleren Reiches* I, 48-54.	
Literature: see Franke, *Doss.,* no 644	
Dating: 13th Dynasty	

Dossier no 383	*kmtt*
Mother:	Father:
Titles: *nbt-pr*	Husband: *t-n-ḥꜥꜣw*

a. stela. Cairo, CG 20015. Lange-Schäfer, *CCG* I, 14-15.
b. stela. Cairo, CG 20101. Lange-Schäfer, *CCG* I, 122-123.
c. stela. Cairo, CG 20562. Lange-Schäfer, *CCG* II, 196-198.
d. statue. Petrie - Griffith, *Abydos* II, pl. XXIX, p. 34, 43.
e. stela. Sinopoli collection, Egi 06. Roccati, in: *Legacy of Berlev*, 111-114, pl. 7.
f. stela. Sinopoli collection, Egi 03. Roccati, in: *Legacy of Berlev*, 115-116, pl. 8.

[She is the mother of the high steward *jmnjj*]

Literature: see Franke, *Doss.*, no 98 (a-d); Grajetzki-Stefanović, *Dossiers*, no 38.

Dating: late 13th Dynasty / Sobekhotep II – Neferhotep I (f)

Dossier no 384	*kkj*
Mother:	Father:
Titles: *nbt-pr*	Husband: *zẖꜣw n ẖrtjw-nṯr jbj*

a. stela. Cairo JE 39069. Baligh, *JARCE* 44, 2008, 174-181 (Simpson, *ANOC* 19)
b. stela. Bolton 10.20.11. Simpson, *ANOC* 19.4.

Literature: see Franke, *Doss.*, nos 51 and 165.

Dating: 13th Dynasty

Dossier no 385	*kkj*
Mother:	Father:
Titles: *nbt-pr*	Husband:

a. stela. Dublin, UC 1365. Quirke, *RdÉ* 51, 2000, 233-239, pl. XXXII
b. stela. Leiden L.XI.10. Boeser, *Leiden* II, 8 [26]. Taf. XXII.

Literature: Quirke, *RdÉ* 51, 2000, 238.

Dating: mid 13th Dynasty

Dossier no 386	*ktms*
Mother:	Father:
Titles:	Husband:

a. inscription. Petrie, *Season*, no 20.
b. inscription. Petrie, *Season*, no 29.
c. inscription. Petrie, *Season*, no 46.
d. inscription. Petrie, *Season*, no 94.
e. inscription. Petrie, *Season*, no 112.
f. inscription. Petrie, *Season*, no 127.
g. inscription. Petrie, *Season*, no 140.

Literature: Franke, *Doss.*, nos 329.

Dating: early 13th Dynasty

Dossier no 387	*ktms*
Mother:	Father:
Titles:	Husband:

a. inscriptions. Petrie, *Season*, nos 94, 140+147+148, 112, 29, 46, 20, 127.
b. inscription. *DeM* 74/52.

Literature: see Franke, *Doss.*, no 737; Grajetzki-Stefanović, *Dossiers*, no 227.

Dating: 13th Dynasty

Dossier no 388	*ḳ3wtj*
Mother: *mggj* (a)	Father:
Titles:	Husband: *nfr-jw*

a. stela. Paris, Louvre E.20350. Moret, *Stèles*, 12-13 [C6] , pl. V.
b. stela. Durham N.1936. Birch, *Catalogue*, 270-272, pl. V.

Literature: see Franke, *Doss.,* no 500.

Dating: late 12th Dynasty / Senusert III

Dossier no 389	*gwꜣt-tp*
Mother:	Father:
Titles:	Husband:

a. stela. Paris, Louvre C39. Lieblein, *Dict.*, no 539 (= Pierret, *Inscr. du Louvre* II, 23)
b. stela. Cambridge E.SS.16. Martin, *Stelae*, no 23.

Literature: see Franke, *Doss.*, no 355; Stefanović, *Regular Military Titles*, no 933.

Dating: 13th Dynasty / Neferhotep I - Sebekhotep IV

Dossier no 390	*tꜣ-m-ḥb*
Mother:	Father: *wḥmw jb-jꜥw*
Titles:	Husband:

a. stela. Cairo, CG 20429. Lange-Schäfer, *CCG* II, 25-26.
b. stela. Cairo, CG 20430. Lange-Schäfer, *CCG* II, 26-27

Literature:

Dating: late 13th / 17th Dynasty

Dossier no 391	*t3-nt-ḥtw*
Mother: *nbw-ddt*	Father: *jnj-jt.f*
Titles: *nbt-pr*	Husband:

a. stela. Cairo, CG 20429. Lange-Schäfer, *CCG* II, 25-26.
b. stela. Cairo, CG 20430. Lange-Schäfer, *CCG* II, 26-27.

Literature:

Dating: late 13th / 17th Dynasty

Dossier no 392	*t3-nt-sn*
Mother: *nbt-pr ppw*	Father:
Titles: *nbt-pr*	Husband:

a. stela. Vienna, KHM ÄS 140. Hein – Satzinger, *Stelen des Mittleren Reiches* II, 55-61
b. stela. Berlin 7311. *AIB* I, 179-180.

Literature:

Dating: 13th Dynasty / Neferhotep I – Sebekhotep IV

Dossier no 393	*t3-ḥnwt*
Mother:	Father:
Titles: *nbt-pr*	Husband: *mr st n ʿt dḳr nẖt*

a. stela. Vienna, KHM ÄS 181. Hein – Satzinger, *Stelen des Mitleren Reiches* I, 133-136.
b. stela. Toulouse 49.267. Ramond, *Musée Labit*, 1-3.

Literature: see Grajetzki - Stefanović, *Dossiers*, no 112.

Dating: 13th Dynasty / Sebekhotep III

Dossier no 394	*t3-kmjj*
Mother:	Father:
Titles:	Husband:

a. stela. Florence 2547. Bosticco, *Stele*, no 49.
b. statue. Florence 1787. *Götter*, *Menschen*, *Pharaonen*, no 90.

Literature: see Franke, *Doss.*, no 780.

Dating: 17th Dynasty ?

Dossier no 395	*tꜣj-ẖrd*
Mother:	Father:
Titles: *nbt-pr*	Husband: *ẖrj-ḥbt tpj jbj*

a. stela. Daressy, *ASAE* 18, 1918, 50 [IX]
b. offering table. Cairo, CG 23015. Kamal, *Tables d'offrandes*, 14.

Literature: see Franke, *Doss*., nos 49 and 164.

Dating: 17th Dynasty

Dossier no 396	*tj-ntt-n.j*
Mother:	Father:
Titles: *nbt-pr*	Husband: *wḥmw rdj.s-ꜥnḫ* (a)

a. stela. Oxford 1110. Smither - Dakin, *JEA* 25, 1939, 157-165 (Simpson, *ANOC* 64).
b. stela. Stuttgart 2 (= Tübingen 457). Spiegelberg-Pörtner, *AG* I, Taf. 2 (Simpson, *ANOC* 64).
c. stela. Hermitage 1062. Bolshakov-Quirke, *Hermitage*, no 12, pl. 12.

Literature: see Stefanović, *Regular Military Titles*, no 628; Franke, *Doss.,* nos 375 and 406.

Dating: 13th Dynasty

Dossier no 397	*tj-nt-nbw*
Mother: *nbt-pr nḥjj* ?	Father: *ḫtmtj-bjtj, ḫrp wsḫt, ꜣṯw n ṯt ḥḳꜣ rn-snb*
Titles: *nbt-pr*	Husband:

a. stela. Copenhagen ÆIN 964. Koefoed-Petersen, *Stele eg. Kopenhague*, no 16 (Jørgensen, *Catalogue Egypt I (3000-1550 B.C.)*, 190-191, no 79; Simpson, *ANOC* 59)
b. stela. New York, MMA 63.154. Fischer, *Egyptian Studies III*, 130-133, pl. 25 (Simpson, *ANOC* 59).

Literature:

Dating: 13th Dynasty / Sebekhotep II

Dossier no 398	*tj-tw*
Mother:	Father:
Titles: *nbt-pr*	Husband: *mr pr sbk-ḥtp*

a. stela. Hermitage 1084. Bolshakov-Quirke, *Hermitage*, 53-57.
b. stela. Cairo, CG 20353. Lange-Schäfer, *CCG* I, 363-364.
c. stela. London BM EA 238. Franke-Marée, *British Museum Stelae*, 93-98.
d. offering table. Marseilles 252. Nelson - Pierini, *Catalogue*, no 246.

Literature: see Franke, *Doss.*, no 591.

Dating: 13th Dynasty / Neferhotep I - Sebekhotep IV

Dossier no 399	*tjj*
Mother:	Father:
Titles: *nbt-pr*	Husband: *wḥmw z-n-wsrt-snb*

a. inscription. Petrie, *Season*, no 114.
b. inscription. Petrie, *Season*, no 86.
c. inscription. Petrie, *Season*, no 87.
d. inscription. *DeM* 74/56.

Literature: see Franke, *Doss.*, no 507.

Dating: 13th Dynasty ?

Dossier no 400	*tjt*
Mother: *ḥpjw*	Father:
Titles: *nbt-pr* (b)	Husband: *wr mḏw šmꜥ jj-snb*

a. stela. Toulouse 49.268. Ramond, *Musée Labit*, no 4, pl. IV.
b. stela. Moscow I.1.a.5649. Hodjash – Berlev, *Pushkin Museum*, no 35.

Literature:

Dating: 13th Dynasty

Dossier no 401	*tw-n.j*
Mother:	Father:
Titles: *nbt-pr*	Husband: *ꜥnḫ n njwt nb.j-pw* (a-b)

a. stela. Cairo, CG 20614. Lange-Schäfer, *CCG* II, 253-254.
b. stela. Liverpool M 13661. Grajetzki, *Two Treasurers*, 28, pl.I.
c. stela. Leiden V.L.D.J. 2. Boeser, *Leiden* II, 9 [34], Taf. XXIV
d. stela. Paris, Louvre C39. Unpublished.
e. stela. Vienna, KHM ÄS 140. Hein – Satzinger, *Stelen des Mittleren Reiches* II, 55-61.

[She is the mother of the treasurer *snbj*]

Literature: see Franke, *Doss.*, nos 296 and 634; Stefanović, *Military Titles*, no 97.

Dating: 13th Dynasty / Neferhotep I

Dossier no 402	*tjt*
Mother:	Father:
Titles: *nbt-pr*	Husband: *rsw* (c)

a. stela. Cairo, CG 20616. Lange-Schäfer, *CCG* II, 255-256.
b. stela. Leiden AP.2. Boeser, *Leiden* II, 6 [14], Taf. XV.
c. statue. Cairo, CG 431. Borchardt, *Statuen* II, 36-37.

[She is the mother of the overseer of sealers *hrw-nfr*]

Literature: see Franke, *Doss*, no 408.

Dating: 13th Dynasty / Neferhotep I – Sebekhotep IV

Dossier no 403	*tjt / ṯt*
Mother:	Father:
Titles:	Husband:

a. offering table. Legrain, *ASAE* 4, 1903, 224.
b. offering table. Cairo, CG 23018. Kamal, *Tables d'offrandes* I, 16-17.

Literature: see Franke, *Doss.*, no 553.

Dating: 13th Dynasty

Dossier no 404	*tjtj*
Mother:	Father:
Titles:	Husband:

a. statue. Munich ÄS 5361 + 7211. Grimm, *Zeitschrift für Wissenschaft und Kunst in Bayern* 3, 2002, 44-46 (= Fischer-Elfert - Grimm, *ZÄS* 130, 2003, 60-80).
b. statue. Schildkraut - Solia, *Egypt at the Merrin Gallery*, no 9.

Literature: Grajetzki-Stefanović, *Dossiers*, no 113

Dating: 12th Dynasty / Senusert II

Dossier no 405	*tjtj*
Mother:	Father:
Titles: *nbt-pr*	Husband: *bbj* (c)

a. statue. Cairo, CG 405. Borchardt, *Statuen* II, 17-18.
b. inscription. *DeM* 38/162.
c. stela. Mariette, *Catalogue Abydos*, no 632.

Literature: see Franke, *Doss.*, no 547

Dating: early 13th Dynasty

Dossier no 406	*tjtj*
Mother:	Father:
Titles:	Husband:

a. stela. Munich Gl. WAF 34. Dyroff- Pörtner, *AG* II, no 8.
b. stela. Saffron Walden Museum 1892.49. Stefanović, *CdÉ* 85, 2010, 41–50.

Literature: Ilin-Tomich, *BiOr* 71/1-2, 2014, 144.

Dating: 13th Dynasty

Dossier no 407	*twjj*
Mother:	Father:
Titles: *nbt-pr*	Husband: *z3b r nḫn sbk-m-ḥb*

a. stela. Philadelphia E10983. Smith, *Buhen Inscriptions*, 54-55.
b. stela. Khartum 5320. Smith, *Buhen Inscriptions*, 44-45.

Literature: Franke, *Doss.*, nos 562 and 595.

Dating: late 17th Dynasty

Dossier no 408	*tt*
Mother: *w3ḏt-ḥtp* (b)	Father:
Titles:	Husband:

a. stela. London, BM EA129. *HTBM* II, pl. 41-43.
b. stela. London, BM EA131. *HTBM* I, pl. 56

Literature:

Dating: 12th Dynasty

Dossier no 409	*ttj*
Mother: *nbt-pr ppj*	Father: *sḥḏ-šmsw jꜣjj*
Titles: *nbt-pr* (b)	Husband:

a. stela. Cairo, CG 20687. Lange-Schäfer, *CCG* II, 313-314.
b. stela. Cairo, CG 20198. Lange-Schäfer, *CCG* I, 225-226.

Literature: Franke, *Doss.*, no 4; Stefanović, *Military Titles*, no 840.

Dating: late 13th Dynasty

Dossier no 410	*ttj*
Mother:	Father:
Titles: *nbt-pr*	Husband: *km-n.j*

a. stela. Cairo, CG 20282. Lange-Schäfer, *CCG* I, 297-298 (= Affara, *GM* 200, 2004, 13-26).
b. stela. Cairo, CG 20614. Lange-Schäfer, *CCG* II, 253-254.
c. stela. Hermitage 1084. Bolshakov-Quirke, *Hermitage*, 53-57.
d. stela. Vienna, KHM ÄS 200. Hein – Satzinger, *Stelen des Mitleren Reiches* II, 136-139.
e. statue. Aswan 1334. Habachi, *Heqaib*, no 63.
f. stela. Liverpool, M13661, Grajetzki, *Two Treasurers*, pl. I.

Literature: Franke, *Doss.*, no 682 (a-c); Grajetzki, *Two Treasurers*, 45; Grajetzki-Stefanović, *Dossiers*, no 214.

Dating: 13th Dynasty / Neferhotep I - Sebekhotep IV

Dossier no 411	*ttj-(w3ḏt)*

Mother: *nbt-pr bbj*	Father:
Titles: *nbt-pr*	Husband: *ẖtmtj-bjtj mr 3ḥwt nḥjj*

a. inscription. *DeM* 23/156 (= Petrie, *Season*, no 114).
b. inscription. *DeM* 13/51 (= Petrie, *Season*, no 86).
c. inscription. *DeM* 13/55 (= Petrie, *Season*, no 87).
d. stela. Florence 2579. Bosticco, *Stele*, no 39
e. statue. Louvre AO 17223. Montet, *Syria* 15, 1934, 132.

Literature: see Franke, *Doss.*, nos 34, 333, 501-503; Grajetzki, *Beamte*, V/13, 21.

Dating: late 12th Dynasty ?

Dossier no 412	*ttj-w3ḏt*

Mother: *ḥnwt-sn*	Father: *mr njwt ṯ3tj z-n-wsrt-ʿnḫ*
Titles:	Husband:

a. inscription. *DeM* 23/156 (= Petrie, *Season*, no 114).
b. inscription. *DeM* 13/55 (= Petrie, *Season*, no 87).
c. inscription. *DeM* 13/51 (= Petrie, *Season*, no 86).

Literature:

Dating: late 12th Dynasty

Dossier no 413	*ṯ3t*
Mother: *nṯrw*	Father:
Titles: *ḫtmt*	Husband: *ẖnmw-ḥtp* (II) (a)

a. stela. Oxford E.3987. Grajetzki, *Court Officials*, fig. 57.
b. inscription. Beni Hasan, tomb no 3. Newberry, *Beni Hasan* I, pl. XXXV.

Literature: Grajetzki-Stefanović, *Dossiers*, no 110.

Dating: 12th Dynasty / Senusret II-Senusret III

Dossier no 414	*ṯ3t*
Mother:	Father:
Titles: *nbt-pr*	Husband: *ẖnmw-ḥtp* (II)

a. inscription. Beni Hasan, tomb no 3, Newberry, *Beni Hasan* I, pl, XXXV.
b. inscription. Beni Hasan, tomb no 4, Newberry, *Beni Hasan* I, 5.

[She is the mother of *ẖnmw-ḥtp* IV. However, it is possible that she is identical with 413]

Literature: Grajetzki-Stefanović, *Dossiers*, no 160.

Dating: 12th Dynasty / Senusret II-Senusret III

Dossier no 415	*ṯnt-jb*
Mother:	Father:
Titles: *nbt-pr*	Husband: *wr mḏw šmꜤ bw-rḫ.f*

a. stela. Cairo, CG 20540. Lange - Schäfer, *CCG* II, 158-161
b. stela. Odessa, AM 52970. Berlev - Hodjash, *Ancient Egypt*, 41–43.
c. stela. Paris, Louvre C58. Awad, *GM* 197, 2003, 43–48

Literature: see Franke, *Doss*., nos 22, 220, 479, 662 and 769.

Dating: 13th Dynasty / Sebekhotep III – Neferhotep I

Dossier no 416	*ṯṯj*
Mother:	Father:
Titles:	Husband:

a. statue. Hachachi, *Heqaib*, no 61.
b. stela. Cairo CG 20288. Lange-Schäfer, *CCG* I, 302-303.
c. tomb inscription. Lisht, tomb C. Arnold, *Middle Kingdom Tomb Architecture*, 55-57.

Literature: Grajetzki, *Beamte*, 142 (VI.1); Grajetzki-Stefanović, *Dossiers*, no 30.

Dating: 12th Dynasty (Amenemhat II)

Dossier no 417	*dpt*
Mother: *tt* (a)	Father:
Titles: *nbt-pr*	Husband:

a. stela. Paris, Louvre C29. Lieblien, *Dict.* no 388 [archieves photo E.908]
b. stela. Vienna, KHM ÄS 142. Hein - Satzinger, *Stelen des Mittleren Reiches* I, 62-67.

[uncertain]

Literature:

Dating: 13th Dynasty

Dossier no 418	*dngt*
Mother:	Father:
Titles: *nbt-pr*	Husband: *jrj-ꜥt n wršw jgꜣj-ḥtp*

a. stela. London, BM EA 236. Franke-Marée, *British Museum Stelae*, 89-92 (Simpson, *ANOC* 45).
b. stela. Cairo, CG 20144. Lange-Schäfer, *CCG* I, 169-170.

Literature: see *Franke, Doss.*, no 160.

Dating: 13th Dynasty

Dossier no 419	*ddj*
Mother: *nbt-pr snjjt* (b)	Father:
Titles: *nbt-pr*	Husband:

a. statue. Berlin 22463. Wenig, *ZÄS* 96, 1970, 139-142.
b. stela. Cairo, CG 20715. Lange-Schäfer, *CCG* II, 59-60.
c. offering table. Aswan 1313. Habachi, *Heqib*, no 57.

[She is the mother of the high steward *jr-gmt.f*]

Literature: see Franke, *Doss.,*no 156 (a-b).

Dating: 13th Dynasty

Dossier no 420	*ddw-nbw*
Mother: *wꜥt*	Father:
Titles:	Husband:

a. stela. Cairo, CG 20056. Lange-Schäfer, *CCG* I, 65-66 (Simpson, *ANOC* 15).
b. stela. Cairo, CG 20679. Lange-Schäfer, *CCG* II, 306-307 (Simpsom, *ANOC* 15)

Literature:

Dating: early 13th Dynasty

Dossier no 421	*ddt-mḥjjt*
Mother:	Father:
Titles:	Husband:

a. stela. Cairo CG 20566. Lange-Schäfer, *CCG* II, 202-203.
b. stela. Turin 1527. Maspero, *RT* 3, 1882, 120-121 (XI).

Literature:

Dating: late 12th Dynasty

Dossier no 422	*ddw-nšmt*
Mother: *ḥpjj*	Father:
Titles:	Husband: *ddw-jn-ḥrt*

a. stela. Cairo, CG 20056. Lange-Schäfer, *CCG* I, 65-66 (Simpson, *ANOC* 15).
b. stela. Cairo, CG 20679. Lange-Schäfer, *CCG* II, 306-307 (Simpsom, *ANOC* 15)

Literature: see Franke, *Doss.*, nos 153, 238 and 713.

Dating: early 13th Dynasty

Dossier no 423 *ddt-ꜥnḳt*

Mother: *snb.tj.sj* Father:

Titles: *nbt-pr*

Husband: *mr ꜥẖnwtj n kꜣp* (a)
rẖ nswt (b-c)
ẖtmtj-bjtj, mr ẖtmtjw,
sḏm šnꜥ rḥw-ꜥnẖ

a. stela. Geneve 6875. Stefanović, *SAK* 39, 2010, 313-319, Taf. 30.
b. stela. Berlin 7311. Simpson, *ANOC* 22, pl. 32.
c. stela. Vienna, KHM ÄS 140, Hein – Satzinger, *Stelen des Mitleren Reiches* I, 55-61.

Literature: see Franke, *Doss.*, no 389; Grajetzki-Stefanović, *Dossiers*, no 136.

Dating: 13th Dynasty / Neferhotep I – Sebekhotep IV

Dossier no 424 *ddt-nbw*

Mother: *zꜣt-sbk* Father:

Titles: *mnꜥt*

Husband:

a. stela. Aswan 1314. Habachi, *Heqaib*, no 84.
b. stela. Petrie, *Courtiers*, pl. 28.

Literature: Stefanović, *Feminine Titles*, VIII/88.

Dating: 13th Dynasty

Dossier no 425	*ddt-nbw*
Mother:	Father:
Titles: *nbt-pr*	Husband: *ʿnḫw*

a. stela. Cairo, CG 20627. Lange-Schäfer, *CCG* II, 265-266.
b. statue. Brooklyn 37.39E. James, *Inscriptions*, no 116, pl. XXXVII.
c. stela. Trieste 12002. Dolzani, Civico Museo di storia ed arte di *Trieste*, no 5.

Literature: see Franke, *Doss.,* no 534 (a-b).

Dating: 13th Dynasty

Dossier no 426	*ddt-sbk*
Mother:	Father:
Titles: *nbt-pr*	Husband: *mr ḥmw-nṯr, ḥ3tj-ʿ w3ḥ-k3* (II)

a. statue. Turin, Suppl. 4265. Melandri, *Vicino & Medio Oriente* XV, 2011, 249-270.
b. stela. Turin 154. Steckeweh, *Die Fürstengräber von Qâw*, 47 (9), pl. 17a.

Literature: see Franke, *Doss*. no 199; Grajetzki-Stefanović, *Dossiers*, no 68; Ilin – Tomich, *BiOr* 71/1-2, 2014, 141.

Dating: 12th Dynasty, about Senusert II – Senusert III

Dossier no 427	*ddt-sbk*
Mother:	Father:
Titles:	Husband:

a. stela. Geneve 6875, Stefanović, *SAK* 39, 2010, 313-319, pl. 30.
b. stela. Cairo, CG 20614. Lange-Schäfer, *CCG* II, 253-254.

Literature: see Franke, *Doss.*, no 628; Grajetzki-Stefanović, *Dossiers*, no 198.

Dating: 13th Dynasty / Neferhotep I – Sebekhotep IV

Dossier no 428	*ḏ3r*
Mother:	Father:
Titles:	Husband: *ḳ3jj* (a)

a. stela, Cairo CG 20567. Lange-Schäfer, *CCG* II, 203-205 (Simpson, *ANOC* 39).
b. stela, Cairo CG 20568. Lange-Schäfer, *CCG* II, 205-206 (Simpson, *ANOC* 39).

Literature: see Franke, *Doss.*, no 308.

Dating: mid 12th Dynasty

Dossier no 429	*ḏnḏt*
Mother:	Father:
Titles: *nbt-pr* (a, c)	Husband:

a. stela. Paris, Louvre E.20002. Moret, *Stèles*, 25-29 [C 12], pl. XI
b. stela. Toulouse 49.274. Ramond, *Musée Labit*, no 2 (Simpson, *ANOC* 55)
c. inscription. Petrie, *Season*, no 270

Literature: see Franke, *Doss.*, no 96.

Dating: late 13th Dynasty

Dossier no 430	*ḏḥwtj-ḥtp*
Mother: *tt*	Father:
Titles: *nbt-pr*	Husband: *ḏḥwtj-ḥtp* (b)

a. stela. Cairo, CG 20065. Lange-Schäfer, *CCG* I, 80-81.
b. stela. Paris, Louvre C171. Stefanović, *GM* 241, 2014, 52-55.
c. stela. London, BM EA 805. *HTBM* III, pl. 40

Literature: see Franke, *Doss.*, no 779; Grajetzki-Stefanović, *Dossiers*, no 234; Stefanović, *GM* 241, 2014, 54.

Dating: late 12th Dynasty

Location index

Berlin, Ägyptisches Museum
1191: 58, 77
1204: 5, 318
7286: 351
7287: 41
7311: 103, 392, 423
7731: 117, 120
7732: 117, 120
12484: 296
21822: 252
22463: 419

Bologna, Museo Civico Archeologico
1910: 32
1921: 67
1930: 374
1933: 32

Bolton, Museum and Art Galery
10.20.1: 65, 384
1920.10.12: 153

Bonn, AKU
Wiedenann – Pörtner, AG III, no 4, pl. III: 71

Boston, MFA
1973.87: 139, 150, 271

Bristol, Museum and Art Galery
H2371: 242

Budapest , Szépmüvészeti Múzeum
51.2144: 291

Burnley, Towneley Hall Art Gallery and Museums
Eg. 100: 331

Cairo, Egyptian Museum
CG 405: 405
CG 406: 126
CG 409: 302
CG 427: 220
CG 431: 402
CG 459: 139, 150, 271
CG 480: 232
CG 482: 109
CG 520: 172
CG 540: 169
CG 1206: 126

CG 20015: 383, 384
CG 20016: 231, 345
CG 20017: 231, 345
CG 20022: 286
CG 20023: 21
CG 20030: 178
CG 20032: 207
CG 20033: 105, 202
CG 20039: 91, 355
CG 20043: 201
CG 20051: 112, 314
CG 20054: 55, 74
CG 20056: 89, 222, 420, 422
CG 20059: 198
CG 20064: 236
CG 20065: 365, 429
CG 20072: 44
CG 20075: 44, 208, 369
CG 20077: 288
CC 20083: 338
CG 20087: 118, 119, 161
CG 20089: 351
CG 20092: 269
CG 20093: 50
CG 20098: 288
CG 20101: 383
CG 20102: 228, 274
CG 20104: 103
CG 20117: 14
CG 20122: 247, 249, 295
CG 20128: 86, 256
CG 20132: 223
CG 20133: 87
CG 20140: 238, 289
CG 20144: 114, 417
CG 20145: 135
CG 20147: 103
CG 20177: 12, 47, 48
CG 20184: 24, 372
CG 20198: 100, 409
CG 20217: 247, 249, 295
CG 20231: 37
CG 20235: 52, 350

CG 20725: 109
CG 20733: 115, 116, 298
CG 20742: 206
CG 20743: 162, 195, 196
CG 20748: 60
CG 20749: 19, 20, 363, 375, 376
CG 20751: 248
CG 20763: 135, 145, 146, 175
CG 20767: 142
CG 20768: 108
CG 20776: 379
CG 20778: 143

CG 23006: 45
CG 23015: 395
CG 23018: 84, 403
CG 23027: 156
CG 23035: 7
CG 23045: 167
CG 23047: 190, 311
CG 23057: 138, 287
CG 23065: 241
CG 23070: 342
CG 23096: 297
CG 23120: 108

CG 28028: 263

CG 42035: 234
CG 42043: 84, 234

CG 70062: 342

JE 36646: 234
JE 37507: 181
JE 37513: 234
JE 37515: 22
JE 39069: 65, 384
JE 39754: 359
JE 42201: 367
JE 43094: 305
JE 43362: 17
JE 46200: 240
JE 46602: 367
JE 46785: 3, 165
JE 48229: 3, 164, 165
JE 72239: 283
JE 91220: 265
JE 91243: 292

Cambridge, Fitzwilliam Museum
E.1.1840: 378
E.51.1901: 157
E.59.1926: 228
E.SS.16: 389
E.SS.37: 146
207.1900: 127, 155, 159
273.1900: 127, 155, 159

Chicago, Art Institute
1920.262: 31, 226

Chicago, OIM
E5032A: 142
E5032A: 142
E5518: 307
E6740: 133
E7779: 147

Copenhagen, Ny Carlsberg Glyptotek
ÆIN 964: 149, 176, 177, 264, 332, 339, 358, 397
ÆIN 1539: 232

Copenhagen, Nationalmuseet
Aad 10: 26, 51
Aad 13: 370

DeM
4/42: 69
12/41: 208, 314
13/51: 235, 411, 412
13/55: 235, 411. 412
19/110: 183, 185
23/164: 304, 411, 412
24/169: 143
26/156: 235, 280
31/10: 208, 314, 370
38/162: 405
38/163: 257
73/50: 197
74/52: 387
74/56: 237, 399
90/84: 327

Leiden, Rijksmuseum van Oudheden
AP.2: 402
AP.3: 67, 68, 221, 293
AP.23: 276
AP.25: 227
AP.30: 301
AP.34: 227
AP.36: 190, 241
AP.38: 67, 68, 221, 293
AP.64: 35, 255
AP.65: 44, 273, 313
AP.66: 58, 77
AP.80: 300
L.XI.2: 108
L.XI.6: 121
L.XI.9: 209
L.XI.10: 107, 141, 385
V.L.D.J.2.: 42, 401
EG-ZM3008: 371

Lieblien, Dict
no 98: 219
no 332: 219
no 388: 266, 267
no 1904: 189, 266, 267

Lisht
tomb C: 416

Liverpool, GM
E.77: 359
E.85 : 379

Liverpool, WM
M 13505: 125
M 13506: 125
M 13661: 401, 410
M13907: 219
13.12.05.25: 128, 129

London, British Museum
EA 100: 115
EA 101: 52
EA 129: 27, 28, 104, 270, 408
EA 131: 27, 28, 104, 270, 408
EA 187: 167
EA 202: 5, 318
EA 210: 118, 167
EA 220: 111, 137
EA 216: 119
EA 226: 111
EA 223: 163, 294
EA 234: 87, 377
EA 236: 90, 114, 417
EA 238: 29, 378, 398
EA 240: 66
EA 242: 355, 371
EA 243: 85
EA 247: 130, 131, 170, 279
EA 252: 66
EA 254: 40, 174
EA 461: 343
EA 489: 122
EA 504: 163, 294
EA 506: 109
EA 553: 337
EA 557: 130, 131, 170, 279
EA 560: 217
EA 561: 44, 273, 313
EA 562: 343
EA 569: 297
EA 570: 297
EA 572: 343
EA 574: 72
EA 577: 9
EA 580: 9
EA 581: 343
EA 584: 217
EA 791: 257
EA 805: 430
EA 830: 7
EA 833: 379
EA 839 : 72
EA 971: 322
EA 1213: 54
EA 1246: 187
EA 1290: 274
EA 1679: 306, 319
EA 1638: 88
EA 1747: 259
EA 30866: 308

London, University College, Petre Museum of Egyptian Archaeology
UC 11438: 153
UC 14345: 328

Title index

Bibliography and Abbreviations

Affara, *GM* 200, 2004

M. Affara, 'A Stela from Abydos in the Egyptian Museum, Cairo (Cg 20282)', *GM* 200, 2004, 13-26.

AIB I

Aegyptische Inschriften aus den Königlichen Museen zu Berlin I, Berlin 1913.

Alliot, *Tell Edfou 1933*

M. Alliot, *Rapport sur les fouilles de Tell Edfou (1933)*, Cairo 1935.

Amer, *GM* 171, 1999

A. A. M. A. Amer, 'A Stela from Liverpool', *GM* 171, 1999, 19-23

Ancinet Egypt Transformed. Middle Kingdom

Ancinet Egypt Transformed. Middle Kingdom, ed. by A. Oppenheim et al.,New York 2015.

Andreu, *BIFAO* 80, 1980

G. Andreau, 'La stèle Louvre C. 249: un complément à la reconstitution d'une chapelle abydénienne', *BIFAO* 80, 1980, 139-147.

ANOC

Abydos North Offering Chapel (see Simpson, *ANOC*)

Arkell, *JEA* 36, 1950

J. Arkell, 'Varia Sudanica', *JEA* 36, 1950, 24-41.

Arnold, *Middle Kingdom Tomb Architecture*

D. Arnold, *Middle Kingdom Tomb Architecture at Lisht*. New York 2008.

Arnold, *Pyramid of Senwosret I*

D. Arnold, *The Pyramid of Senwosret I. The South Cemeteries of Lisht*, Vol. I, New York 1988.

ASAE

Annales du Service des Antiquités de l'Égypte (SAE), Cairo.

Awad, *GM* 197, 2003

K. Awad, 'Eine Stele des Mittleren Reiches im Louvre', *GM* 197, 2003, 43–48.

Awad, *SAK* 39, 2010

K. H. Awad, 'Zwei Totengedenksteine des späten Mittleren Reiches im Louvre', *SAK* 39, 2010, 19-38, pl. 1-3.

Baines, in: *Form und Mass*

J. Baines, The Stela of Khusobek: Private and royal military narrative and values, in: *Form und Mass*, hrg. von J. Osing - G. Dreyer, Wiesbaden 1987, 43-61.

Baligh, *JARCE* 44, 2008

R. Baligh, 'Three Middle Kingdom Stelae from the Egyptian Museum in Cairo', *JARCE* 44, 2008, 169-184.

Bareš, *ZÄS* 112, 1985

L. Bareš, Eine Statue des Würdenträgers Sachmethotep und ihre Beziehung zum Totenkult des Mittleren Reiches in Abusir, *ZÄS* 112, 1985, 87-94.

Berlev, *JEA* 60, 1974

O. Berlev, 'A Contemporary of King Sewah-en-re', *JEA* 60, 1974, 106-113.

Берлев, *Пал.Сб.* 25, 1974

О. Берлев, 'Стела Вюрцбургского унивреситетского музея (XIII династия)', *Пал.Сб.* 25, 1974, 26-31.

Berlev - Hodjash, *Ancient Egypt*
O. Berlev - S. Hodjash, Catalogue of the Monuments of Ancient Egypt, Fribourg 1998
BIFAO
Bulletin de l'Institut Français d'Archéologie Orientale (IFAO), Cairo
Bienkowski - Tooley, *Gifts of the Nile*
P. Bienkowski - A. Tooley, *Gifts of the Nile. Ancient Egyptian arts and crafts in Liverpool Museum*, London 1995.
BiOr
Bibliotheca Orientalis, Leiden.
Birch, *Catalogue*
S. Birch, *Catalogue of the Collection of Egyptian Antiquities at Alnwick Castle*, London 1890.
von Bissing, *ZÄS* 71, 1935
F.W. von Bissing, 'Unterteil der Statuette eines Kamose', *ZÄS* 71, 1935, 38-39.
Blackman, *Meir VI*
A. M. Blackman, *The Rock Tombs of Meir VI*, London 1915.
BMSAES
British Museum Studies in Ancient Egypt and Sudan, London.
Boeser, *Leiden*
P.A.A. Boeser, *Beschrijving van de Egyptische verzameling in het Rijksmuseum van Oudheden te Leiden. De monumenten van den tijd tusschen het Oude en het Middelrijk en van het Middelrijk. Eerste afdeeling: Stèles*, Gravenhage 1909.
Bolshakov-Quirke, *Hermitage*
A. O. Bolshakov – S. Quirke, *The Middle Kingdom Stelae in the Hermitage*, Utrecht-Paris 1999.
Borchardt, *Statuen und Statuetten*
L. Borchardt, *Statuen und Statuetten von Königen und Privatleuten im Museum von Kairo, Nr. 1-1294*, Teil 2: *Text und Tafeln zu Nr. 381-653*, Berlin: Reichsdruckerei, 1925.
Bosticco, *Stele*
S. Bosticco, *Le Stele Egiziane dall'Antico al Nuovo Regno*, Roma 1959.
Botti-Romanelli, *Museo Gregoriano Egizio*
G. Botti - P. Romanelli, *Le sculture del Museo Gregoriano Egizio*, Vatican City1951.
Bourriau, *Pharaohs and Mortals*
J. Bourriau, *Pharaohs and Mortals. Egyptian Art in the Middle Kingdom*, Cambridge 1988.
Bresciani, *Stele Egiziane*
E. Bresciani, *La Stele Egiziane del Museo civico archeologico di Bologna*, Bologna 1985.
Brunner-Traut – Brunner, *Sammlung der Universität Tübingen*
E. Brunner-Traut – H. Brunner, *Die Ägyptische Sammlung der Universität Tübingen*, Tübingen 1981.
Budge, *Egyptian Antiquities in the possession of Lady Meux*
W. Budge, *Some Account of the Collection of Egyptian Antiquities in the possession of Lady Meux of Theobalds Park, Waltham Cross.*, London 1893.
CAA
Corpus Antiquitatum Aegyptiacarum

Cahail, *JARCE* 51, 2015
K. Cahail, 'A Family of Thirteenth Dynasty High Officials: New Evidence from South Abydos', *JARCE* 51, 2015, 93-122.
Capart, *Monuments égyptiens*
J. Capart, *Recueil de monuments égyptiens*, Brussels 1902.
CCG
Catalogue General du Musee du Caire, Cairo Museum.
CdÉ
Chronique d'Égypte; Bulletin périodique de la Fondation Égyptologique Reine Élisabeth, Bruxelles.
Clère, *JEA* 68, 1982
J.J. Clère, 'La stele de Sânkhptah, chambellan du roi Râhotep', *JEA* 68, 1982, 60-68.
Cramer, *ZÄS* 72, 1936
K. M. Cooney – J. Tyrrell, 'Scarabs in the Los Angeles County Museum of Art', *PalArch's Journal of Archaeology of Egypt/Egyptology* 4,1.2, 2005, 15-98.
Daressy, *ASAE* 17, 1917
M. G. Daressy, 'Monuments d'Edfou da fant du Moyen Empire', *ASAE* 17, 1917, 237-244.
Daressy, *ASAE* 18, 1918
M. G. Daressy, 'Monuments d'Edfou datant du Moyen Empire', *ASAE* 18, 1918, 49-52.
Daressy, *ASAE* 22, 1922
M. G. Daressy, 'Statue de Ment-m-hat', *ASAE* 22, 1922, 167-168.
Delange, *Catalogue des statues égyptiennes*
E. Delange, *Catalogue des statues égyptiennes du Moyen Empire, 2060-1560 avant J.C.*, Paris 1987.
DeM
J. de Morgan et al, *Catalogue des monuments et inscriptions de l'Egypte antique I: De la frontière de Nubie à Kom Ombos*, Vienna 1894.
Dodson, *JEA* 78, 1992
A. Dodoson, 'Stelae of the Middle and New Kingdoms in the Museum of Archaeology and Anthropology, University of Cambridge', *JEA* 78, 1992, 274-279.
Dolzani, *Civico Museo di storia ed arte di Trieste*
C. Dolzani, *Monumenti egiziani minori in pietra del Civico Museo di storia ed arte di Trieste*, Trieste 1964.
Donohue, in: *Studies Malek*
V. A. Donohue, A Latopolitan Family of the Late Middle Kingdom, in: *Sitting Beside Lepsius. Studies in Honour of Jaromir Malek at the Griffith Institute*, ed. by D. Magee et al, Leuven 2009, 115-127.
Dunham-Janssen, *SCF* I
D. Dunham - J. M. A. Janssen, *Semna-Kumma*, Boston 1960.
Dyroff-Pörtner, *AG* II
K. Dyroff - B. Pörtner, *Aegyptische Grabsteine und Denksteine aus süddeutschen Sammlungen*, Munich, 1902–1904.
EA
Egyptian Archaeology, the Bulletin of the Egypt Exploration Society (EES), London

El-Enany, *BIFAO* 108, 2008
K. El-Enany, 'Une stèle privée de la fin du Moyen Empire découverte à Karnak. Le Caire, Musée égyptien JE 37515', *BIFAO* 108, 2008, 95-113.
Engelbach, *ASAE* 22, 1922
R. Engelbach, 'Steles and Tables of Offerings of the Late Middle Kingdom from Tell Edfu', *ASAE* 22, 1922, 113-123.
Engelbach, *ASAE* 23, 1923
R. Engelbach, 'Two Steles of the Late Middle Kingdom from Tell Edfû', *ASAE* 23, 1923, 183-186.
Engelbach, *ASAE* 35, 1935
R. Engelbach, 'Statuette-group, from Kîmân Fâris, of Sebekhotpe and his womenfolk', *ASAE* 35, 1935, 203-205
Fischer, *Egyptian Studies* III
H. G. Fischer, *Egyptian Studies III. Varia Nova*, New York 1996.
Fischer, *RdÉ* 24, 1972
H. G. Fischer, 'sxA.sn (Florence 1774)', *RdÉ* 24, 1972, 64-71.
Fischer-Elfert - Grimm, *ZÄS* 130, 2003
H. W. Fischer-Elfret - A. Grimm, 'Autobiographie und Apotheose', *ZÄS* 130, 2003, 60-80.
Franke, *Doss.*
D. Franke, *Personendaten aus dem Mittleren Reich (20.-16. Jahrhundert v. Chr.). Dossiers 1-796*, Wiesbaden 1984.
Franke, *JEA* 71, 1985, 175-176
D. Franke, 'An important family from Abydos of the Seventeenth Dynasty', *JEA* 71, 1985, 175-176.
Franke, *MDAIK* 57, 2001
D. Franke, ‚Drei neue Stelen des Mittleren Reiches von Elephantine', *MDAIK* 57, 2001, 15-34.
Franke - Marée, *British Museum Stelae*
D. Franke - M. Marée, *Egyptian Stelae in the British Museum from the 13th-17th Dynasties. Fascicule* I*: Descriptions v.* I, London 2013.
Gardiner, *IS*
A. Gardiner - T.E. Peet – J. Černy, *The Inscriptions of Sinai*, vol. I – vol. II: Introductions and Plates, London 1952-1955.
Garstang, *El-Arabah*
J. Garstang, *El Arabah: A Cemetery of the Middle Kingdom*, London 1901
Gayet, *Stèles de la XIIe dynastie*
E. Gayet, *Musée du Louvre. Stèles de la XIIe dynastie*, Paris 1886.
GM
Göttinger Miszellen, Göttingen
Götter, Menschen, Pharaonen
Götter Menschen Pharaonen. 3500 Jahre ägyptische Kultur, *Meisterwerke aus der Ägyptisch-Orientalischen Sammlung des Kunsthistorischen Museums Wien*, ed. by W. Seipel, Berlin 1996.
Grajetzki, *Beamte*
W. Grajetzki, *Die höchsten Beamten der ägyptischen Zentralverwaltung zur Zeit des Mittleren Reiches*, Berlin 2000.

Grajetzki, *Female Burials*
W. Geajetzki, *Tomb Treasures of the Late Middle Kingdom. The Archaeology of Female Burials*, Pennsylvania 2014.
Grajetzki, *Two Treasurers*
W. Grajetzki, *Two Treasurers of the Late Middle Kingdom*, London 2001
Grajetzki, *Court Officials*
W. Grajetzki, *Court Officials of the Egyptian Middle Kingdom*, London 2009
Grajetzki, *RdÉ* 60, 2009
W. Grajetzki, Women and writing, Stela Louvre C187, *RdÉ* 60, 2009, 209-14
Grajetzki, *RdÉ* 54, 2003
W. Grajetzki, 'Two monuments of the High Steward Senaa-ib of the Middle Kingdom', *RdÉ* 54, 2003, 270-274.
Grajetzki-Stefanović, *Dossiers*
W. Grajetzki - D. Stefanović, *Dossiers of Ancient Egyptians –the Middle Kingdom and Second Intermediate Period addition to Franke's 'Personendaten'* , London 2012
Grimm, *Zeitschrift für Wissenschaft und Kunst in Bayern* 3, 2002
A. Grimm, 'Herrn Lotosblumes Wiedervereinigung', *Zeitschrift für Wissenschaft und Kunst in Bayern* 3, 2002, 42-46.
Guichard, *RdÉ*58, 2007
S. Guichard, 'Une collection d'antiquités égyptiennes méconnue. La collection Thédenat-Duvent', *RdÉ* 58, 2007, 201-228.
Habachi, *Heqaib*,
L. Habachi, *Elephantine IV: The Sanctuary of Heqaib*, Mainz am Rhein 1985.
Hamza, *MDAIK* 63, 2007
K. A. Hamza, 'Zwei Stelen aus dem Mittleren Reich im Louvre', *MDAIK* 63, 2007, 53-67.
Hein – Satzinger, *Stelen des Mittleren Reiches*
I. Hein – H. Satzinger, *Stelen des Mittleren Reiches I, einschließlich der I. und II Zwischenzeit,* CAA, Kunshistorisches Museum Wien 4, Mainz 1989.
I. Hein – H. Satzinger, *Stelen des Mittleren Reiches II, einschließlich der I. und II Zwischenzeit,* CAA, Kunshistorisches Museum Wien 7, Mainz 1993.
Hintze-Reineke, *FSN*
F. Hintze - W. F. Reineke, *Felsinschriften aus dem sudanesischen Nubien,* Teil I + II, Band I, Berlin 1989.
HTBM
Scott-Moncrieff, P.D., *Hieroglyphic Texts from Egyptian Stelae etc. in the British Museum* II, London 1912.
Hall, H.R., Lambert, E.J., *Hieroglyphic Texts from Egyptian Stelae etc. in the British Museum* III, London 1912.
Hall, H.R., Lambert, E.J., *Hieroglyphic Texts from Egyptian Stelae etc. in the British Museum* IV, London 1913.
Hodjash - Berlev, Pushkin Museum
S. Hodjash - O. Berlev, *The Egyptian reliefs and stelae in the Pushkin Museum of Fine Arts*, Moscow-Leningrad 1982
Holthoer, *Studia Orientalia* 37/1, 1967
R. Holthoer, An Egyptian Late Middle Kingdom Stela in the Finnish National Museum at Helsinki, *Studia Orientalia* 37/1, 1967, 3-14.

Hudáková, *Representations of Women*
L.Hudáková, *The Representations of Women in the Middle Kingdom Tombs of Officials – Studies in Iconography, Content and Status*, PhD Dissertation, University of Vienna 2013 (unpublished)
El-Husseiny - Khafagy, *EA* 36, 2010, 21-24
S. el-Husseiny - A. O. Khafagy, 'The Dahshur tomb of the vizier Siese rediscovered', *EA* 36, 2010, 21-24.
Ilin-Tomich, *BiOr* 71/1-2, 2014
A. Ilin-Tomich, 'W. Grajetzki - D. Stefanović, *Dossiers of Ancient Egyptians* (review)', *BiOr* 71/1-2, 2014, 139-146.
James, *Inscriptions*
T. G. H. James, *Corpus of Hieroglyphic Inscriptions in the Brooklyn Museum I, From Dynasty I to the End of Dynasty XVIII*, Brooklyn 1974
JARCE
Journal of the American Research Center in Egypt, Boston/Princeton/New York/Cairo
Jaroš-Deckert, *Statuen*
B. Jaroš-Deckert, *Statuen des Mittleren Reiches und der 18. Dynastie, CAA, Kunsthistorisches Museum Wien, Lieferung 1*, Mainz 1987.
JEA
Journal of Egyptian Archaeology (EES), London
Jørgensen, *Catalogue Egypt I (3000-1550 B.C.)*
M. Jørgensen, *Catalogue Egypt I (3000-1550 B.C.), Ny Carlsberg Glyptotek*, Copenhagen 1996
Kamal, *Tables d'offrandes*
A. B. Kamal, *Tables d'offrandes* I-II, Le Caire, 1906-1909.
Kitchen, *Catalogue*
K. A. Kitchen, *Catalogue of the Egyptian Collection in the National Museum, Rio de Janeiro*, Warminster 1990.
Koefoed-Petersen, *Stele eg. Kopenhague*
O. Koefoed-Petersen, *Les Stèles égyptiennes. Publications de la Gliptothèque Ny Carlsberg,* Copenhague 1948.
Krauspe, *Statuen und Statuetten*
R. Krauspe, *Katalog Agyptischer Sammiungen in Leipzig. Band 1. Statuen und Statuetten*, Mainz 1997.
Kubisch, *Lebensbilder*
S. Kubisch, *Lebensbilder Der 2. Zwischenzeit: Biographische Inschriften der 13.-17. Dynastie*, Berlin New York 2008.
Lacau, *Sarcophages*
P. Lacau, *Sarcophages antérieurs au nouvel empire.* 2Bde, Cairo 1904-1906.
Lange-Schäfer, *CCG*
H. O. Lange - H. Schäfer, *Grab- und Denksteine des Mittleren Reiches im Museum von Kairo. No. 20001-2078*0. I-II, Berlin 1902-1908.
Leahy, *GM* 44, 1981
A. Leahy, 'A Stela of the Second Intermediate Period', *GM* 44, 1981, 23-28.
Legrain, *ASAE* 4, 1903
G. Legrain, 'Notes d'inspection', *ASAE* 4, 1903, 193-226.

Legrain, *RT* 24, 1902
G. Legrain, 'Le temple et les chapelles d'Osiris a Karnak', *RT* 24, 1902, 213.
Legrain, *Statues et Statuettes*
G. Legrain, *Statues et statuettes de rois et de particuliers* I-III, Le Caire, 1906
Lieblein, *Dict.*
J. D. Lieblein, *Hieroglyphisches Namen-Wörterbuch. Genealogisch und alphabetisch geordnet*, Leipzig 1871-1892
Lugn, *Denkmäler*
P. Lugn, Ausgewählte Denkmäler aus ägyptischen Sammlungen in Schweden, Leipzig 1922.
Lustig, in: *Anthropology and Egyptology*
J. Lustig, Gender and Age in Middle Kingdom Tomb Scenes and Text, in: *Anthropology and Egyptology*, ed. by J. Lustig, Schefield 1997, 43-65.
Mahler, *BIFAO* 27, 1927
E. Mahler, 'Egyptian antiquities in the Hungarian National Museum of Budapest', *BIFAO* 27, 1927, 39-58.
Marée, *Afrique & Orient* 53, 2009
M. Marée, 'Nouvelles données sur l'élite d'Edfou à la fin de la XVIIe dynastie', *Afrique & Orient* 53, 2009, 11-24.
Marée, *BMSAES* 12, 2009
M. Marée, 'Edfu under the Twelfth to Seventeenth Dynasties: The monuments in the National Museum of Warsaw', *BMSAES* 12, 2009, 31-92.
Mareé, in: *The Second Intermediate Period*
M. Mareé, 'A sculpture workshop at Abydos from the late Sixteenth or early Seventeenth Dynasty', in: *The Second Intermediate Period (Thirteenth-Seventeenth Dynasties): Current Research, Future Prospects*, ed. by M. Mareé, OLA 192, Louven 2010, 241-281.
Mariette, *Catalogue Abydos*
A. Marriete, *Catalogue général des monuments d'Abydos découverts pendant les f ouilles de cette ville*, Paris 1880.
Martin, *MDAIK* 35, 1979
G. T. Martin, 'Private Name Seals in the Alnwick Castle Collection', *MDAIK* 35, 1979, 215-226.
Maspero, *RT* 3, 1882
G. Maspero, 'Rapport sur une mission en Italie', *RT* 3, 1882, 103-127.
Maspero, *RT* 13, 1890
G. Maspero, 'Monuments égyptiens du Musée de Marseille', *RT* 13, 1890, 113-126.
Martin, *Seals*
G. T. Martin, *Egyptian Administrative and Private-Name Seals*, Oxford 1971
Martin, *Stelae*
G. T. Martin, *Stelae from Egypt and Nubia in the Fitzwilliam Museum Cambridge, c. 3000 BC- AD 1150*, Cambridge 2005.
Матье, *Искусство древнего Египта*
М. Матье, *Искусство древнего Египта*, Ленинград - Москва 1961.
MDAIK
Mitteilungen des Deutschen Archäologischen Instituts, Abteilung Kairo (DAIK)

Melandri, *Vicino & Medio Oriente* XV, 2011
I. Melandri, 'Nuove considerazioni su una statua da Qaw el-Kebir al museo delle antichità egizie di Torino', *Vicino & Medio Oriente* XV (2011), 249-270
de Meulenaire, *BIFAO* 69, 1971
H. de Meulenaire, 'La statue d'un contemporain de Sébekhotep IV', *BIFAO* 69, 1971, 61-64.
Millard, *Position of Women in the Family and in Society*
A. Millard, *The Position of Women in the Family and in Society in Ancient Egypt: with special reference to the Middle Kingdom*. 3 vols. London: University of London 1976 (unpublished)
Monnet Saleh, *Les antiquités égyptiennes de Zagreb*
J. Monnet Saleh, *Les antiquités égyptiennes de Zagreb*, Paris 1970.
Montet, *Syria* 15, 1934
P. Montet, 'Appendice I: Note sur les inscriptions des Sanousrit-ankh', *Syria* 15, 1934, 131-133.
Moret, *RT* 32, 1910
A. Moret, 'Monuments égyptiens du Musée Calvet à Avignon', *RT* 32, 1910, 139-160.
Moret, *Stèles*
A. Moret, *Catalogue du Musée Guimet. Galerie égyptienne, stèles, bas-reliefs, monuments divers*, Paris 1909.
de Morgan, *Dahchour 1894-1895*
J. de Morgan, *Dahchour 1894-1895*, Vienna 1903
Mogensen, *Musée national de Copenhague*
M. Mogensen, *Inscriptions hiéroglyphiques du Musée national de Copenhague*, Copenhague 1918
Müller-Wollermann - Vandekerckhove, *Elkab VI*
R. Müller-Wollermann - H.Vandekerckhove, *Elkab VI.* Die *Felsinschriften* Des Wadi Hilal, Turnhout 2001
Collezione Egiziana di Napoli
Soperintendenza Archaeologica per province di Napoli e Caserta (editor): *La Collezione Egiziana del Museo Archeologica Nazionale di Napoli*, Napoli 1989
Nelson - Pierini, *Catalogue*
M. Nelson - G. Pierini, *Catalogue des Antiquites Egyptiennes*, Marseilles 1978
Newberry, *Beni Hasan*
P. E. Newberry, *Beni Hasan* I-II, London 1893-1894.
Newberry, *PSBA* 23, 1901
P.E. Newberry, Extracts from my Notebooks (IV), *PSBA* 23, 1901, 218-222.
OrAnt
Oriens Antiquus, Rome.
OrSuec
Orientalia Suecana, Uppsala.
Page, *Egyptian Sculpture*
A. Page, *Egyptian sculpture: Archaic to Saite from the Petrie Collection*, Warminster 1976.
Пал.Сб.
Палестинский сборник, Москва.

Patch, *Reflections of Greatness*
D. C. Patch, *Reflections of Greatness: Ancient Egypt at The Carnegie Museum of Natural History*, Pittsburgh 1990.
Peet, *Cem. Abydos* II
T. E. Peet, *The Cemeteries of Abydos* II, London 1914
Peterson, *OrSuec* 14, 1965
B. J. Peterson, 'Two Egyptian Stelae', *OrSuec* 14, 1965, 3-8.
Peterson, *OrSuec* 19/20, 1970
B. J. Peterson, 'Ausgewählte ägyptische Personennamen nebst prosopographischen Notizen aus Stockholmer Sammlungen', *OrSuec* 19/20, 1970, 3-22.
Petrie, *Courtiers*
W. M. F. Petrie, *Tombs of the Courtiers and Oxyrhynkhos*, London 1925
Petrie, *Gizeh and Rifeh*
W. M. F. Petrie, *Gizeh and Rifeh*, London 1907.
Petrie, *Season*
W. M. F. Petrie, *A season in Egypt 1887*, London 1888.
Petrie - Weigall, *Abydos* I
W. M. F. Petrie – A. E. P. Weigall, *Abydos* I, London 1902.
Petrie - Griffith, *Abydos* II
W. M. F. Petrie – F. Ll. Griffith, *Abydos* I, London 1903.
Petrie - Mace, *Diospolis Parva*
W. M. F. Petrie - A.C.Mace, *Diospolis Parva: the cemeteries of Abadiyeh and Hu. 1898-9*, London 1901.
Pierret, *Inscr. du Louvre* II
P. Pierret, *Recueil d'Inscriptions inédites du Musée égyptien du Louvre* II, Paris 1878.
PSBA
Proceedings of the Society of Biblical Archaeology, London.
Quibell, *Hierakonpolis*
J.E. Quibell, et al., *Hierakonpolis* I-II, London 1900-1902.
Quirke, in: *Archaeology and Women*
S. Quirke, Women of Lahun (Egypt 1800 BC), in: *Archaeology and Women. Ancient and Modern Issues*, ed. by S. Hamilton - R.D. Whitehouse - K.I. Wright, Walnut Creek 2007, 246-262.
Quirke, *RdÉ* 51, 2000
S. Quirke, 'Six hieroglyphic inscriptions in University College Dublin', *RdÉ* 51, 2000, 223-251.
Ramond, *Musée Labit*
P. Ramond, *Les stèles égyptiennes du Musée G. Labit à Toulouse*, Cairo 1977.
RdÉ
Revue d'Égyptologie, Paris.
Rosati, in: *Civiltà degli Egizi*
G. Rosati, Le stele del Medio Regno, in: *Civiltà degli Egizi. Le credenze religiose*, Milano 1988
Roccati, in: *Legacy of Berlev*
A. Roccati, 'Quattro Stele del Medio Regno', in: *Discovering Egypt from the Neva. The Egyptological Legacy of Oleg D. Berlev*, ed. by S. Quirke, Berlin 2003, 111-121.

Roeder, *Naos*
G. Roeder, *Naos (CCG 70001-70050)* I-II, Leipzig 1914.
Rothe –Miller–Rapp, *Pharaonic inscriptions*
R. D. Rothe -W. K. Miller - G. Rapp, *Pharaonic inscriptions from the southern Eastern Desert of Egypt*, Winona Lake 2008.
RT
Recueil de traveaux relatifs à la philologie et à l'archéologie égyptiennes et assyriennes, Paris.
Sadek, *Wadi el-Hudi*
A. I. Sadek, *The Amethyst mining inscriptions of Wadi el-Hudi* I-II, Warminster 1980-1985.
SAK
Studien zur Altägyptischen Kultur, Hamburg
Satzinger, *OrAnt* XXII, 1983
H. Satzinger, 'Zur Namen der Göttin Thermouthis', *OrAnt* XXII, 1983, 233-245.
Satzinger-Stefanović, in: *From Illahun to Djeme*
H. Satzinger – D. Stefanović, 'The domestic servant of the palace *rn-snb*', in: *Papers Presented in Honour of Ulrich Luft*, ed. by E. Bechtold, A. Gulyás, and A. Hasznos, London 2011, 241-245.
Satzinger –Stefanović, *Journal of Classical Studies Matica Srpska* 11, 2009
H. Satzinger – D. Stefanović, Offerings for the KAS of Six Ladies (British Museum Stela No. 1679), *Journal of Classical Studies Matica Srpska* 11, 2009, 27–34
Satzinger – Stefanović, *WZKM* 103, 2013
H. Satzinger – D. Stefanović, The two elements of a late Middle Kingdom stela-chapel, *WZKM* 103, 2013, 337-345.
Scharff, *ZÄS* 57, 1922
A. Scharff, 'Ein Rechnungsbuch des königlichen Höfes aus der 13. Dynastie (Papyrus Boulaq Nr. 18)', *ZÄS* 57, 1922, 51-68; 1**-24**.
Schildkraut - Solia, *Egypt at the Merrin Gallery*
L. Schildkraut – V. L. Solia, *Egypt at the Merrin Gallery*, New York 1992.
Simpson, *ANOC*
W. K. Simpson, *The Terrace of the Great God at Abydos: The Offering Chapels of Dynasties 12 and 13*, New Haven-Philadelphia 1974.
Simpson, in: *Pyramid Studies*, 57-60, pls. 14-15
W. K. Simpson, Lepsius Pyramid IV at Dahshur: the Mastaba of Si-Ese, Vizier of Amenemhat II, in: *Pyramid Studies and other Eassys presented to I.E.S. Edwards*, ed. by J. Baines, T.G. H. James, A. Leahy, A.F. Shire, London 1988, 57-60, pls. 14-15
Simpson, *Inscribed Materials*
W. K. Simpson, *Inscribed Material from the Pennsylvania-Yale Excavations at Abydos*, New Haven - Philadelphia 1995.
Smith, *Buhen Inscriptions*
H. S. Smith, *The Fortress of Buhen. The Inscriptions*, London 1976.
Smither - Dakin, *JEA* 25, 1939
P. C. Smither - A. N. Dakin, 'Stelae in the Queen's College, Oxford', *JEA* 25, 1939, 157-165.
Spalinger, *RdÉ* 32, 1980
A. Spalinger, 'Remarks on the Family of Queen *ḫꜥ.s-nbw* and the Problem of Kingship in Dynasty XIII', *RdÉ* 32, 1980, 95-116.

Steckeweh, *Die Fürstengräber von Qâw*
H. Steckeweh, *Die Fürstengräber von Qâw*, mit Beiträgen von Georg Steindorff/ und einem Anhang: Die griechisch-römischen Begräbnisstätten von Antaeopolis, von Ernst Kühn und Walther Wolf / mit einem Beitrag von Herman Grapow, Leipzig 1936

Stefanović, in: *Art and Society*
D. Stefanović, '*sš ḳdwt: the attestations from the Middle Kingdom and the Second Intermediate Period', in: K. A. Kóthay (ed.), Art and Society. Ancient and Modern Contexts of Egyptian Art. Proceedings of the International Conference held at the Museum of Fine Arts, Budapest, 13-15 May 2010. Museum of Fine Arts*, Budapest 2012, 185-198.

Stefanović, *Regular Military Titles*
D. Stefanović, *The Holders of the Regular Military Titles in the Period of the Middle Kingdom: Dossiers*, London 2006.

Stefanović, *CdÉ* 85, 2010
D. Stefanović, 'The stela of wr-nTr at Saffron Walden Museum', *CdÉ* 85, 2010, 41-50

Stefanović, *CdÉ* 88, 2013
D. Stefanović, 'Two Late Middle Kingdom Objects from the Collection of the Egyptian Museum in Turin', *CdÉ* 88, 2013, 5-14.

Stefanović, *Feminine Titles*
D. Stefanović, *The Non-Royal Regular Feminine Titles of the Middle Kingdom and Second Intermediate Period: Dossiers*, London 2009

Stefanović, in: *Fs. Satzinger*
D. Stefanović, T*he Late Middle Kingdom stela Avignon, Musée Calvet A10, in: Florilegium Aegyptiacum Eine wissenschaftliche Blütenlese von Schülern und Freunden für Helmut Satzinger zum 75. Geburtstag,* hrgs. R. Gundacker - J. Budka - G. Pieke, Göttinger Miszellen, Beiheft 14, 2013, 327-343

Stefanović, *GM* 241, 2014
D. Stefanović, 'Varia Epigraphica I – The Middle Kingdom / Second Intermediate Period', *GM* 241, 2014, 53-62.

Stefanović, *GM* 244, 2015
D. Stefanović, Varia Epigraphica II – The Middle Kingdom / Second Intermediate Period, *GM* 244, 2015, 113-126.

Stefanović, *SAK* 38, 2009
D. Stefanović, 'Stela Bolton 1920.10.12 – The Non-Royal Women of the Middle Kingdom II (*ẖkrt nswt, b3kt nt ḥḳ3*, and *ʿnḫt nt tpt nswt*)', *SAK* 38, 2009, 297-309.

Stefanović, *SAK* 39, 2010
D. Stefanović, 'The Late Middle Kingdom stela of the staff of provisioning sector (Sna) (Musées d'art et d'histoire, Genève 6875)' *SAK* 39, 2010, 313-319, Taf. 30.

Steindorf, *Catalogue*
G. Steindorff, *Catalogue of the Egyptian Sculpture in the Walters Art Gallery*, Baltimore 1946.

Stewart, *Egyptian Stelae* II
H. M. Stewart, *Egyptian Stelae, Reliefs and Paintings from the Petrie Collection. Part* Two*: Archaic to Second Intermediate Period*, Warminster 1979

Szpakowska, in: *Women in the Ancient World*
K. Szpakowska, 'Hidden Voices: Unveiling Women in Ancient Egypt' in: *Women in the Ancient World*, ed. by S.L. James – S. Dillon, Oxford 2012, 25-37.

Teeter, *Art Institute of Chicago Museum Studies* 20, 1994
E. Teeter, 'Egyptian Art', *Art Institute of Chicago Museum Studies* 20, Chicago 1994.

Vallogia, *RdÉ* 21, 1969
M. Vallogia, Amenemhat IV et sa coregence avec Amenemhat III, *RdÉ* 21, 1969, 107-120.

Verbovsek, *Private Tempelstatuen*
A. Verbovsek, *"Als Gunsterweis Des Königs in Den Tempel Gegeben…", Private Tempelstatuen Des Alten Und Mittleren Reiches*, Wiesbaden 2004.

Vercoutter, *Mirgissa* II
J. Vercoutter, *Mirgissa* II. *Les Nécropoles,* Paris 1975.

Ward, *Feminine Titles*
W. Ward, *Essays on Feminine Titles of the Middle Kingdom and Related Subjects*, Beirut 1986.

Ward, in: *Women's Earliest Records*
W. Ward, Non-royal women and the Occupations in the Middle Kingdom, in: *Women's Earliest Records*, ed. by Barbara S. Lesko, Atlanta, 1989, 33-43.

Wegner, in: *Scarabs of the Second Millennium*
J. Wegner, Social and Historical Implications of Sealings of the King's Daughter Reniseneb and Other Women from the Town of Wah-Sut, in: *Scarabs of the Second Millennium BC from Egypt, Nubia, Crete and the Levant: Chronological and Historical Implications*, ed. by M. Bietak - E. Czerny, Vienna 2004, 221-240.

Wenig, *ZÄS* 96, 1970
S. Wenig, 'Zur Inschrift auf der Statue des Berliner Ägyptischen Museums Nr. 22463', *ZÄS* 96, 1970, 139-142.

Wiedemann-Pörtner, *AG* III
A. Wiedemann – B. Pörtner, *Aegyptische Grab und Denksteine aus süddeutschen Sammlungen. Band 3: Bonn, Darmstadt, Frankfurt am Main, Genf, Neuchatel*, Strassburg 1906.

Wild, *BIFAO* 69, 1970
H. Wild, 'Quatre statuettes du Moyen Empire dans une collection privée de Suisse', *BIFAO* 69, 1970, 89-130.

WZKM
Wiener Zeitschrift für die Kunde des Morgenlandes, Wien.

ZÄS
Zeitschrift für ägyptische Sprache und Altertumskunde, Berlin –Leipzig.

Zivie, *Giza*
C. M. Zivie, *Giza au deuxieme millénaire*, Le Caire 1976.

Žaba, *RILN*
Z. Žaba, *The Rock Inscriptions of Lower Nubia*, Prague 1974.